星を見上げて歩き続けて

柏木由紀子

はじめに

今の幸せの向こう側に

夏の猛暑から一転、秋の気配を感じ始めた10月初旬、長女花子の47歳のお誕生日会を原宿のカジュアルなイタリアンレストランで開きました。毎年恒例のお誕生日会です。花子の12歳になる長男、次女の舞子と5歳になる長男も一緒に、それは賑やかで楽しい会になりました。孫たちも大好きなピザに濃厚なカルボナーラ、ラビオリなど、たくさんいただいて、私はそれを見ているだけで元気をもらえます。

娘2人は結婚してそれぞれ家庭を持ちながら、花子はシンガーソングライターとしてコンサートを開いたり、ラジオ番組のパーソナリティーをしています。舞子は宝塚歌劇団を退団後はドッグセラピスト、それに、犬のお洋服のデザイン等のお仕事をしています。2人とも、私の家から徒歩10分以内に住んでいますので、よく行き来し、

ＬＩＮＥで毎日のようにやり取り。喧嘩もしながら楽しくやっています。

こうやってそれぞれの家族の誕生日のたびに、みんなが集まってワイワイやるのが、今の私の楽しみのひとつ。平和で幸せなひと時です。


翌日は昔から通っている大好きな表参道のラルフローレンまで車を飛ばして、今季のファッションチェックをしてきました。昔からファッションは大好きで、ラルフ ローレンは愛着のあるブランドです。どちらかというとシンプルなものを選ぶことが多く、コーディネートは大抵２色使い。柄物はほとんど着たことがないんです。

「こんなスタイルが流行っているのね」

「これとこれと合わせたらステキかな」

と、お店の人にアドバイスをもらいながら、ひとまず全体を見てきました。私はまず1度では買わないほう。楽しみは残しておきたくて、最低３回は足を運んで、じっくり検討して購入する慎重派なんです。

帰りにはラルフ ローレンの1階のカフェ「Ralph’s coffee Omotesando」で、とびきり美味しいアメリカンコーヒーとケーキを頂きました。インテリアもステキで、雰囲気も海外にいるようで、ここに来ると、ほんとうに幸せな気持ちになります。

昨年来、誰もが想像もしなかったコロナの感染で突然命を落とされた方、重症で大変な思いをされた方が大勢いらして、ニュースを見聞きするたびにいたたまれない気持ちになります。平成の後半から令和にかけては、東日本大震災や激しい台風などはじめとする未曽有の大きな災害が頻繁に起こり、突然家族を奪われた方も多く、悲しんでおられる姿を見るたびに心底心が痛くなりました。家族を奪われる悲しみほどつらいものはありません。どれだけ苦しまれていることでしょう。身をもっていつも想像をめぐらしています。

そんな私は、36年前の日航機墜落事故で、最愛の夫を失いました。小学生の娘2人を抱えて、38歳で未亡人になりました。

そのときは

「明日は来るかしら？」

「もう二度と笑うこともない」

と絶望的な気持ちだったけれど、今はこうして孫にも恵まれて、こんなに笑って過ごせるようになりました。

でも私たち家族の原点はやっぱりあの日。
1985年8月12日。
あの日に立ち戻らなければ、今の幸せを語れません。
立ち直るには、とてつもなく長い長い時間がかかりました。

でも、乗り越えられるのです。
幸せは必ず訪れるんです。
再び心の底から笑うことができるんです。
そんなことを伝えたくて、お話しすることにしました。

少し立ち止まって、振り返ってみようと思います。

星を見上げて歩き続けて

第一章

あの日

1985年8月12日

記憶

あの日のことは今でも鮮明に思い出せます。

自分のこれまでの人生を振り返った時、忘れている日も多々ある中で、あの日だけはどんな行動をしたか、どんな気持ちだったかまで、つい先日の出来事のように思い出せるのです。


主人はこの日の夕方に羽田から伊丹行のフライトに搭乗予定でした。午前中には公開ラジオの仕事があって、渋谷のＮＨＫへ10時過ぎに出かけて行きました。ちょうど夏休みの真っ最中でしたから、娘２人と私の３人でランチを食べた後、花子が、

「広尾の小物屋さんに行きたい」

と言うので、３人で車で出かけたんです。

なんとなくお店を見て回ったけれど、特に買うものもなくて、そこから渋谷の東急百貨店本店に行きました。ここでも３人で子供服や小物類を見ながらも、特に収穫が

なく、流されるように今度は渋谷西武に移動しました。渋谷西武は昔も今も大好きな百貨店です。ところがここでも心惹かれるものが娘たちも私も見つからず、今思い出してても、どこか浮かない、つまらない昼下がりだったのです。

というのも、その前までが、いつにも増してたくさんの出会いとともに、楽しい行事の連続でした。

たとえば数日前の8月8日は、主人が、娘二人をプールのあるお友達の家に連れて行ってくれて、娘たちは思う存分プールで遊んで帰ってきました。夕飯も頂いて帰ってきたので、昼間留守番だった私は、主人と2人でその夜ナイターのテニスをしに、用賀にあるテニスクラブへ行きました。実は主人は、『テニス驚異の上達法』という本を出版しているくらい、テニスが大好きです。昼間の仕事がなくて娘たちが学校に行っている時間帯に、2人でよく駒沢のテニスクラブでプレイしていました。多いときは週3日くらい行くこともありましたが、夜に2人でテニスをすることは初めてで、夏だったので夜風が涼しく、陽に焼けることもなくプレイできるのはとても快適でした。

その日、昼間娘たちは楽しい時間を過ごせて満足していたのでしょう、

「留守番しているから」

と言ってくれ、久しぶりに2人で出かけたんです。

主人は汗をかくことが大好きでした。ですからサウナも大好きで時間が出来るとよく行っていました。お酒が好きだったので、汗を出すことで身も心もすっきりして、また美味しいお酒を楽しむという感じです。家にいる時も、猛暑の日に冷房をつけずにガンガン掃除をしたりするのです。その日も暑い中で、オレンジのサウナトレーナーを着てテニスを楽しんだ後、そのまま着替えずに、帰り道、その頃私が運転していたワーゲンのヒーターをバンバンつけて（冷房じゃないですよ・笑）、思い切り汗をかいていました。

久しぶりの夜のテニスで喜んでご機嫌の私を見て、

「ユッコ、これからもどんどんナイターでテニスをやろうよ。2人でデートをもっとしよう」

と言ってくれました。主人のその言葉が嬉しくて、あの夜のことは忘れられません。

それに、主人が大阪出張から8月14日に戻ったら、家族で8月16日に開催される京都の大文字焼きを見に行く旅行も計画していました。心配性で慎重派の私は、4人家族分の旅のための荷造りも早々に始めていたんです。ルンルン気分で準備していました。

それまではそんな風に特に印象に残るくらい楽しい夏でした。

その反動のように、12日の昼間は、そのままどこか盛り上がらない時間を過ごして、3人で夕方家に帰りました。

家には主人が飛行機に乗る前に、一旦帰ってきた形跡がありました。後からわかったことですが、その日、ＮＨＫでの収録が終わった後に、主人も近くにある渋谷西武に立ち寄って、修理に出していたハンティングワールドのカバンを取りに行っていたんです。まだ携帯電話のない時代ですから、連絡の取りようもなかったわけですが、おそらく時間的にお互いに気づかず同じ館内にいたんです。

いったん家に戻った主人は、私たちがいなかったので、運転手さんと一緒にお蕎麦の出前を取って、一緒に食べて、早めに空港に向かったようでした。

当時携帯電話があったなら、

「今から飛行機に乗るよ」

という連絡をきっとしてきてくれていたことでしょう。

いつも最新の電化製品をいち早く購入しては試していましたし、あの当時から車には自動車電話を付けていたんです。

「きっとスマートフォンも大好きだっただろうな」

と思うんです。まめな人でしたので、LINEなどで私や、娘たちとも楽しくやり取りしたに違いありません。今や誰もが持っているのが当たり前になった携帯電話、その携帯電話もまだなかったことを思うと、長い時間が流れたことを改めて感じます。

しかし、今から36年も前のこと、そんな連絡を取り合うこともちろんないまま、家で私たち家族にも会えないまま、主人はいつものように羽田に向かいました。

私たち3人は家に戻ってからは、夕飯前に3人で賑やかにお風呂に入っていました。冗談を言い合って、大笑いしていたのを今でも覚えています。花子が先にあがって、バスタオルで体を覆いながらリビングに行ったようです。そこで、たまたまついていたTVのニュースを見たようでした。私と次女の舞子はまだお風呂にいましたが、花子が、

「ママー!!」

と、すごい勢いで戻ってきて、

「パパ、何時？　何時の飛行機に乗った？」

と、血相を変えて大声で慌てています。

少し落ち着かせてよく話を聞くと、

「レーダーから日本航空の飛行機が消えたってＴＶで言ってる」

と言うのです。私は主人から、

「夕方6時30分の飛行機に乗るよ」

と聞いていました。


ニュースの中で伝えられたのは、午後6：56羽田発の日航機がレーダーから消えてしまったとのこと。聞いていたフライトの時間帯と近いので、急に不安が膨らんで、慌ててお風呂からあがって身支度を整え、花子と手分けしてスタッフの方々に次々と電話をしました。

「大丈夫みたい。違う飛行機だってよ」

と、花子が運転手さんからそう聞いて、一瞬ほっとしたのもつかの間、一緒に搭乗

しているマネージャーさんの奥様から電話があり、

「日航機が行方不明みたいだけど、いつも全日空だから大丈夫よね？」

と確認されました。

大阪弁の電話

そこで私は数日前のある電話を思い出して、足がガタガタと震え始めました。

「ア、坂本さん？　ア、奥さん？　12日のなあ、日本航空の切符がとれたよって、事務所のほうに送っときますワ」

聞きなれない、大阪弁らしきイントネーションの電話は、何の前置きもなくそう言いました。


ああ！　あの電話！

日本航空の切符！

頭の中で大阪弁の電話が黒い塊となって転げまわりました。それと同時に、音を立てるような強い震えが、足から全身に伝わってきました。

主人は、日本航空に乗ることはほとんどなく、いつも全日空を使っていたので、その見知らぬ人からの電話を受けた時、

「え。なぜ？」

と思ったのですが、夏休みで全日空が満席でキャンセルも出なくて、日本航空のチケットを送ったということのようでした。

その人は、かつてデビュー間もない頃の主人の付き人としてボディガードのようなことをしてくださった方で、今度市議選に立候補されたということでした。

「あいつも立派になったもんだなあ」

ずっとお付き合いはなかったのですが、若い頃行動を共にした知人を懐かしんで、主人はいつものやさしい気持ちで、ぜひその事務所開きのお祝いに行ってあげたいんだ、と言っていました。それが今回の大阪行きの目的でした。

主人が、レーダーから消えたという日本航空の便に搭乗したのは間違いがないという事実を突きつけられたのです。

宿泊予定のホテルに問い合わせたり、元付き人の方の事務所に電話をかけたりしましたが、要領を得ません。と、電話が鳴りました。

「大阪からです」

という交換手の声が聞こえて、私はなぜか、その電話を主人からだと思ってしまったのです。けれど、すぐに知らない人の声が響いてきました。

「今、迎えに飛行場に来てるんだけどねえ、坂本さんがまだ到着しないんですワ。さっきから待っとるんやがねえ。飛行機が遅れてるみたいでんな」

私の全身の震えは、もう自分ではどうにもならないほど激しくなっていました。寒気に襲われながら、その声の主が、いつかの日本航空の切符のことを知らせてきたその人と一緒だと気づきました。

レーダーから消えた飛行機に主人が乗っていたことは、もう否定できません。でも、

「大丈夫、大丈夫。あの人は運がいいから」

と無理やり考えて、嫌な予感を打ち消そうとしていました。

何が起こっているのかもわからず、調べようもなくて、とても宙ぶらりんな状態が長く長く続いていましたが、日本航空からはその時も、それからしばらくも、何の連絡もありませんでした。

その後、主人が大阪に行くことをたまたま伝えていたからなのか、ご近所のテニス仲間のご夫婦、事務所のスタッフの方々、と、シーンとしていた家に続々と人が集まってきました。主人の兄弟、私の姉……続々と家に駆けつけて来てくれました。あれは何時頃だったのか、事務所のスタッフは家の近くで記者会見をやっていました。主人の兄弟は、まだ生死が決まってもいないのに、おいおい泣いています。それを見ているのが堪えられなくて、いたたまれないなんとも言えない気持ちになって、みんながテレビに釘付けになっている食堂から居間の入口へ、2階に続く階段へと移りましたが身の置き場に困り、最後は食堂の隣の和室にひとりで閉じこもりました。のちに、その場に居合わせた人から、その時の私は「化石のようだった」と聞きました。

音量を絞ったテレビでは、アナウンサーが次々に搭乗名簿の名前を読み上げているようでした。その時、かすかにですが、はっきりと聞こえたのです。

「オオシマ・ヒサシ」

18時12分羽田発、ＪＡＬ１２３便はレーダーから消え、恐らく山間部に墜落したこと、その便に「大島九（おおしまひさし＝坂本九の本名）」が乗っていたことが明らかになりました。

ちなみに、その元ボディガードの方から、事故後これまで36年間、一切連絡はありません。また、日本航空からも、事故に遭ったという連絡は一度も入りませんでした。

出会い

主人と私が出会ったのは撮影所でした。

当時私は、デビューしたての新人女優、主人は『上を向いて歩こう』がアメリカで『SUKIYAKI』として大ヒットし、世界の坂本九と言われていました。

実はその4年ほど前に、主人は銀座の街で私を見かけていました。私が小さい頃、母は銀座で喫茶店を経営していて、私も良くお店に行っていました。その頃には喫茶店はもうしていませんでしたが、母も私もショッピングが好きでしたし、買い物をしなくても銀座の街の雰囲気を楽しみながら散歩するのが大好きでした。まさに銀ブラですね。当時銀座にあった森英恵さんのブティック、小松ストアー、不二家のパーラーも好きでした。母は少し脚が悪かったので、私が買い物袋を提げて母と一緒に手をつないで歩く姿を、主人は車の中から偶然見かけたようなのです。一緒に車に乗っていた俳優さんに、

「あのおばあさん（母）の手を引いている子いいねえ。ああいう、おばあさん想いの女性をお嫁さんにもらいたいよ」

と言ったところ、

「あの子は柏木由紀子っていうまだ新人の女優だよ」

と教えられて、印象に残っていたそうです。後から私もこのことを聞き、おばあさんと間違えられた母は怒っていましたが（笑）、きっと杖代わりになって一緒に歩いている素の姿を見て、優しいんだな、と思ってくれたのかもしれません。

そんないきさつがあり、共演はないものの、同じ撮影所で仕事をすることもあったため、主人は周囲に、私のことをよく話していたそうなんです。それで周囲のスタッフも、

「九ちゃんが、柏木さんのこと、気にしているよ」

とか、

「どうも九ちゃん、好きらしいよ、ユッコちゃんのこと」

などと会うたびにいろんなことを言ってくれます。相手は大スターだから気になりますし、悪い気はしません。そういう話が最高潮に達した頃、撮影所の喫茶店で昼休みに坂本九と隣同士に座らせられました。みんなが気をきかせて出会いの場を作ってくれたのです。

その時に、

「午後から始まる僕の撮影現場を見に来ない？」

と誘われて、『フジ三太郎』の収録を撮影スタジオの片隅で見ていました。周りに誰もいないときに、彼は使っている台本の端をちょっと破って電話番号を書いたものを、

「よかったら電話ちょうだい」

と手渡しました。でも、電話をしないまま1年が過ぎてしまいました。

その後、CMに出演していたロート製薬に、母と一緒にご挨拶に伺うことがあり、本社がある大阪に出かけました。その時たまたま、梅田コマ劇場の前を通りかかると、「坂本九ショー」という大きな看板が目に入りました。ワンマンショーが行われていたんです。

もともと母や祖母はテレビの人気者の彼のことを
「憎めない笑顔だねえ」

と、好感を持って見ていたこともあり、最近の撮影所でのことも話していました。

「陣中見舞いに伺ってみたら？」と母に背中を押してもらい、かなり迷ったのですが、思い切って楽屋を訪ねたんです。とても勇気が要ったんですが……。その時にも、1

年前と同じ電話番号のメモを渡されました。何故私の電話番号を聞かなかったのか？今でも不思議です（笑）。その時に彼の舞台を初めて生で見て、とても温かい人なんだなーと感じたことを覚えています。

その後、大阪の舞台が終わり、東京に戻ってから突然電話をもらいました（何故私には聞かなかったのに番号を知っていたのでしょう？）。

ボクの家に遊びに来ませんか？　と誘われたのがきっかけになり、交際が始まりました。

1年ほどお付き合いをして、主人が深く信心していた笠間稲荷神社で結婚式を挙げたのは昭和46年12月8日。笠間は、主人が幼い頃疎開をしていたこともある縁深い土地でした。近くの旅館で支度をして、神社の正面大鳥居から本殿までの約百メートルを歩いたのですが、沿道には二千人もの人たちがすでに集まっていて、祝福を送ってくださいました。町をあげてのお祭りのようでした。挙式の後は、畳の大広間に精進料理のお膳を並べた古風な披露宴を催しました。

あくる日、東京では高輪プリンスホテルで「ボクとユッコのダンスパーティー！」と題したお披露目のパーティを開きました。披露宴には珍しい何種類ものカレーライス（もちろん他にもお料理がありましたが）。坂本九らしく、アットホームなダンスパーティーでした。出席してくださった１０００人もの錚々たる方達も、ダンスを楽しみ、とても盛り上がったのを昨日のことのように思い出します。

主人29才私23才でした。

私たちは幸福の絶頂にいました。

幸せすぎて怖い

私は３姉妹の末っ子で、父は印刷会社を経営しており、何不自由なく甘やかされて育っていたので、結婚してからも甘えん坊。主人は９人兄弟に揉まれて育ち、責任感の強い腕白な人。いつでも主人にくっついていたくて、子供たちが生まれてからも、それは変わらずでしたね。主人は家族４人のリーダーでした。子育てにも熱心で、なんでも手伝ってくれ、イクメンのはしりだったと思います。

仕事も忙しかったけれど、デビュー当時の忙しさとは別物で、家で過ごす時間、家族と過ごす時間も充分に作ってくれていました。よく聞かれるのですが、いわゆる芸能人の妻としての大変さというのも全くなかったんですよね。全部彼がカバーしてくれていたのかもしれませんが。

結婚してからは夫婦でクイズ番組の司会をやったり、CMにも出させて頂きました。そんななかで特に楽しかったのが当時の人気番組だった『なるほど！ザ・ワールド』に夫婦で出演したことでした。子育て中だったから、夫婦で出かける機会が少なくなっていたのですが、収録後帰りにデートみたいに2人でご飯を食べたり、主人の衣装もファッションが大好きな私が考えて、毎回コーディネートをしたり、とにかく楽しみでたまらないお仕事でした。

愛し愛されていた、というのは気恥ずかしいですが、もちろんたまに喧嘩してお互い黙り込むこともありましたが、14年間の結婚生活は本当に幸せでした。数字がつけられるなら100％幸せでした。

私たち夫婦はどちらかというと昔から夜型で、子供たちが寝静まった後も、私は編み物をしてリビングでゆっくり過ごし、主人は主人で当時2階にあった小さなスタジオで曲を作ったりしていたんです。

事故があった少し前のことですが、ある晩主人が1階に降りてきて、

「ねえねえ、ユッコ。今デュエット曲を作ったんだけど、教えるから一緒に歌って」

というので一生懸命教わり、真夜中に2人で何度も何度も一緒に歌って、今はあまり見かけなくなったカセットテープに録ったことがありました。当時はデュエット曲がブームで、それで書いてみたようでした。主人が亡くなった後、このテープは講演などで皆さんに聴いていただくことになるのですが、それはまた後の話です。

その歌の歌詞に
「幸せすぎて明日が怖い」

という歌詞があるのですが、まさに当時の私の気持ちそのもので、時々、

「私、こんなに幸せでいいのかしら？」

と怖くなり、逆にドキドキしてしまうことも1度や2度ではありませんでした。

「主人がいなくなってしまったらどうしよう。突然電話がかかり、何か悪い知らせでもあったらどうしよう」

「そうなったら私と子供たちはどうなるの？」

と、ありもしないことを考えては心臓がどきどきして、具合が悪くなってしまって、

病院で注射をしてもらったことがあるくらいでした。

本当に、何度となくそういう気持ちになって、それが現実に起きてしまったのが、あの事故でした。でもそれは、私が想像していたように、誰かから電話がかかってくるわけじゃなかったんです。本当の現実の私は、わけのわからない状況におびえ続けていました。

御巣鷹山

はっきりとした状況も現場も曖昧なまま時間が過ぎてゆくなかで、とにかくテレビの情報から知った場所に行くしかないと思いました。すでに夜になり、家の周りは報道陣でごった返していました。

「たぶん、あっちのほうかな」

と、群馬県の方向だけを頼りにして、1台目の車には娘2人と私の姉、運転手さんと私の5人か乗ってこっそり家の裏から出て、もう1台には事務所のスタッフが乗車し、2台連なって走り始めたのは翌日13日の午前2時頃でした。報道陣に見つからないように家の裏から外に出るのがやっとの状況で、まるで悪いことをしているような感覚に襲われました。その時、京都旅行のために用意をしていた荷造りが、はからずも役立つことになりました。家族旅行とは全然方角の違う、山奥へボストンを携えて行くことになったのです。皮肉なものです。

とりあえず群馬県の山奥の方向に向かったはよいけれど、長野県小海の消防署で場所をお尋ねしたところ、墜落の現場は長野県ではなくてお隣の群馬県藤岡市側で、恐らく道もろくにないような山奥らしいということでした。依然として正確な場所は全然わからないままでしたから、状況がもう少しはっきりするまで、小海の旅館で待機しましょうということになりました。夜明けとともに、現場が群馬県の御巣鷹山と特定されました。マナセプロ、渡辺プロ、所属レコード会社のファンハウスのスタッフの皆さんは、仮眠もそこそこに現地に向かってくれましたが、現場は群馬県の秘境と言われるようなところで、想像もつかないような状況らしいのです。私たち家族はもう少し様子がわかるまで、その旅館で待機することになりました。翌朝朝ご飯を出して頂いても、全くのどを通りませんでしたし、横になってはみましたが、とても眠ることなど出来ません。そんな状況で13日の午前も過ぎて行きました。

やがてスタッフからの知らせがあり、

「藤岡市では救出や遺体の搬送が始まっていて、近くの体育館には乗客のご家族が詰めていらっしゃるようです」

と聞き、私たちが藤岡市の御巣鷹山により近い旅館に移動したのは13日の昼頃でした。そこからさらに約4日間をそこで過ごすことになります。

旅館にいても、窓を開けるだけでマスコミにカメラを向けられる状況で、一刻も早く体育館に行きたかったのですが、もし私たちがそこに行くと、ほかのご家族の方々にご迷惑をかけるかもしれない。そんな懸念もあって、私たちは、旅館に詰めていました。そんな望みの尽きた状況になっているのに、

「なんで？　なんで？」

と自問自答しては、

「いや、とはいってもきっと大丈夫じゃないかな」

って、やっぱり思っていたんです。

そして14日の夜には、やむをえず記者会見に臨みました。

マスコミからの問い合わせがひっきりなしでしたが、とても私が答えられるような精神状態ではないということで、スタッフが守ってくれていたのですが、もう逃れられない事態となっていました。記者会見をしなければ、私はそこから一歩も身動きできない状況でした。その会見では、

「早く会いたいです」

「会えると、希望を持っています」

と答えています。そこでの私は、心が空っぽで、驚くことに涙が一滴もこぼれませんでした。すでに普通の精神状態を超えていたのだと思います。


そして事故から4日後の16日。私は朝から体育館に詰めていました。この日のことは、私も家族も時間の感覚が曖昧で、後で1日のうちに起きた出来事だとわかりましたけれど、しばらくの間、2、3日にわたってのことと錯覚していました。

連日30度を超す体育館の中は、家族たちの怒りと苛立ち、焦りと絶望が渦巻いていました。広い体育館には、スチール製の折り畳み椅子が無数に並んでいて、クーラー

はなく、ところどころで扇風機がせわしなく首を振っています。

その日の昼頃、主人のハンティングワールドのカバンが見つかったという知らせが入り、主人の兄が旅館に届けてくれました。私もいったん旅館に戻り、そこでカバンの確認をしました。確かに、主人のものでした。中のものは一つ一つ番号が振られたビニールのパックにきちんと分けられていました。


ゴルフの一番成績が良かった時のスコアカード。子供たちがパウチッコしてあげたカード。去年のバレンタインデーに私があげたカード。

英語の本、ダイエットシュガー、サウナの回数券。

そして、12日の昼過ぎ、NHKから主人が電話してきて、花子が書きとめた『もしも明日が』の歌詞を書いた紙。大阪に向かう前、一旦帰宅した時に持って出たものでした。

ウォークマンはグシャグシャに壊れていましたが、中のテープは聴くことが出来ました。その夏にとても気に入って聴いていた『ウィ・アー・ザ・ワールド』。

何か機内で言葉を吹き込んでいるかもしれないとも思いましたが、とてもそんな余裕はなかったのでしょう。

お守りがいっぱいありました。「交通安全河崎大師」「厄除け」「金幣護符」福寿の小判型お守り……。そして、箸袋にくるまれた魚の釣針。これももうひとつのお守りでした。広島に一緒に行った時、料亭で食事をしていたら、魚の中から釣針が出てきたのです。主人は、そんな珍しいことがあるなんて縁起が良いと喜びました。そういうことを面白がる人だったのです。

「京都旅行」と書かれた封筒も入っていました。東京に戻って翌日から家族で行くことになっていた旅行のお金をとって分けていたんですね。そういうまめな人でした。そのお金は一緒に入っていた財布とともに、今でも金庫に入れてあります。

あの時

そしてその日の夕方、主人の歯型を確認できる歯科の先生が偶然長野に来ていて、遺体確認に立ち会ってもいいと申し出てくださり、プロダクションの社長がそれを伝えると、すぐに、確認してほしいご遺体があると告げられたそうです。

どうやら間違いがなさそうだとなった、その夜半過ぎに、ついに私のもとに「知らせ」が届きました。

私は尋常でない速さで旅館の荷物をまとめ、遺体安置所に向かいました。


その時のことは今も思い出したくないです。

私は右腕を姉に支えられながら数秒間見つめました。そして、棺の横に崩れ落ちました。あんなにカッコいいのが好きだった主人が、と思うと、可哀想でいたたまれませんでした。一生分の涙を使ってしまったほど泣きました。

主人の遺体確認を早めたのは、彼がいつも身に着けていた笠間稲荷のペンダントでした。ペンダントの表には「K」のイニシャルに両脇から稲穂がかかっていて、裏側には「心願成就・笠間稲荷」と刻まれています。墜落の衝撃で鎖は引きちぎられ、四角いお札をかたどったペンダントの部分は中ほどで折れ曲がって、主人の胸に突き刺さっていました。

忘れらないのが翌朝の朝刊です。
「柏木由紀子、未亡人」
という文字を見つけ、それはとてもショックでした。

そこから東京に戻り、通夜・お葬式。その間、その後もマスコミからのインタビューが続きました。その当時はなんだかわからないけれど、時の人みたいにもみくちゃになって、
まさか。
どうして。

私が。

という言葉がエンドレステープのように頭の中で繰り返されていました。

それまで、婚約発表も結婚式も、何もかも全部私は主人の隣でにこにこ笑っていればよく、質問されて答えられなくても、それを主人が全部カバーしてフォローしてくれていました。当時の私は台本があればこなせたけれど、自分の言葉で話すことはそんなに慣れていませんでした。それが突然、しかも事故に関すること、亡くなった主人のことについて、台本なしで答えなくてはいけなくなり、取り繕うことも飾ることもできない私は、そのままの気持ちを話しました。結果、日本全国の方に事実を知らしめることとなり、歩いていると、

「九ちゃんの……」

とひそひそ話が聞こえてきて、どこに行っても居場所がないような感じでした。

夏の日は流れるように過ぎて行きました。

9月になると、娘2人の学校が始まります。学校関係の行事や提出書類など、次か

ら次へとやることがあって、放心してもいられなくなってきました。ほかにもお墓のこと、戸籍謄本の届け出など、私が動かなければ何も進まないことが、わーっと襲ってきました。

もっとも、だからこそ踏ん張れたのだと思います。子供もいなくて、誰かすぐに頼れてやってくれる人がいて、何もしなくていい状況だったら、私の場合はダメになっていたかもしれません。

一方で、家の中は主人がいなくなったからといって片づける気にもなれなくて、何もかもあの日のままでした。ヘアブラシに残っていた髪さえもそのまま残してあるような状態です。においに敏感な私は、一度でも主人が着た服を誤ってクリーニングに出してしまわないように、一着一着嗅ぎ分けた日もありました。目を閉じて服に顔を埋めると、生きている時そのままという気がしました。

車の音がすれば

「あ。帰ってきた」

と思うし、電話が鳴ると、

「仕事終わったんだ」と……。

主人のスリッパの音が聞こえた、と思ったこともありました。

街を歩いていて、遠くに背格好が同じくらいの人を見つければ、「あれ、あの人違う？」

テニスクラブの前を通ると、テニスをしている人が彼に見えて心臓がドキッとしたり。クラブの前を通ることも出来なくなりました。

しばらくそんな風な日が続いていました。

多くの励まし

日航機には、一緒にマネージャーさんも乗っていて、その方も命を落とされました。その方の奥様は、私より少し年上なんですが、毎日のように夜中に電話をし合って、泣きながらずっと話して話して、支え合いました。

また、日本中の方々からたくさんの励ましのお手紙が届きました。大きな段ボール箱が4つ、約5千通に及びました。今もその手紙はすべて大切に残してあります。毎晩子供たちが寝てから少しづつ読むんですけど、本当に泣きながら読んで、一通一通に、とても励まされました。中には同じ境遇の方もいらっしゃって、その方からの言葉は大きかったですね。誰かが悲しみや苦しみに苛まれ、崩れそうになっている時、同じ境遇の方が声をかけ、話を聞いてあげることは、どれだけその方の救いになるかを自分の経験から痛切に感じ、それ以降ずっと私が心掛けてきたことのひとつです。

坂本九のファンの方からの手紙も多く、いつまでもファンでいると言ってくださる方もいらっしゃいました。

身近な芸能界では、生前の主人と交流が多かった女優の黒柳徹子さんが、

「由紀子さん、いつでも電話してきて」

とおっしゃってくださって、本当に夜中に何度か電話させて頂いたこともありました。翌日にクイズ番組の収録を控えておられて、

「今、勉強していたのよ」

という時でさえ話を聞いてくださり、一緒に悲しんでくださったんです。黒柳さん

は子供たちにも手紙を書いてくださいました。

吉永小百合さん、八千草薫さん、うつみ宮土理さん、岩谷時子さんら、たくさんの芸能界の方からもお手紙を頂きました。娘たち宛にくださった方もいらっしゃいます。吉永小百合さんは、当時ご自身が飲んでいらっしゃるのと同じロイヤルゼリーのサプリメントを送ってきてくださいました。私自身は面識はなかったのですが、俳優の高倉健さんは毎年命日にお線香を送ってくださいました。

何かこう、そういう皆さんの優しさや思いやりに触れて、茫然自失のなかで、それでも前に進めていけたのだと思います。

それは主人が皆さんが知ってくださっている歌手だったからということも大きいでしょう。私はとても有難くて、今でも感謝の気持ちでいっぱいです。

娘たち

当時は2人とも小学生で、11歳と8歳でした。だから何が起こっているのかはもう理解できる年齢でしたが、お葬式以降、あえて私も主人の話はしなかったし、子供たちもパパの話は一切しなくなったんです。結果みんなそれぞれが、そのことを口に出せなくなっている感じでした。もしかしたら、私が話さないので子供なりに私に気を遣ってなのかもしれませんが、ＴＶで主人のことが何かしら放送されていて、

「見ているかな？」

と子供たちの方を伺っても、見ていないんです。数年そういう状態が続きました。それでいて２人とも、明らかに相当なショックを受けていました。

長女の花子は、思春期で、学校に行っても保健室にいることが増えました。救急車の音がするたび、今度は私がどうかなったのではないかと不安になって、学校の保健室に駆け込むことも多かったんです。不登校までは行かなかったのですが、私と似ているところがあって、心配性なんです。

妹の舞子はご飯がのどを通らなくなって、やせ細って、拒食症に近い状態になりました。栄養状態が悪くなったせいか、目も悪くなって、その頃は眼鏡をかけていました。今の時代なら心のケアをしてくれる心療内科や、カウンセリングもありますが、その頃は相談する場もありません。心配でした。２人とも望んでいた学校に入れて、

それまで手をかけて育ててきました。なのに私自身も生きているのが精一杯、これ以上にない悲しみの中で、そんな娘たちをどうしてあげたらいいのかわからなくて、本当に辛かったです。


娘たちの学校の先生はとてもいい方で、ずいぶん助けていただきました。

「夜遅くてもいいから電話をかけてきなさいね」

とおっしゃって、実際に娘とゆっくり電話で話してくださって、それで少しずつ彼女たちの気持ちが落ち着いていったのだと思います。

事故以前は子供たちとは別々の寝室で寝ていましたが、事故後はベッドが2つある私たち夫婦の寝室で、ベッドをひっつけるようにして3人で川の字になって一緒に寝るようになり、初めて3人で一緒に寝た日は何も言わずに抱き合って泣きました。3人とも同じ気持ちで、悲しい気持ちだけでなく、悔しさもすごくあったんです。でもそのうち、他愛ないことを寝る前に話すようになって、次第に3人で
「頑張って行こう」

「楽しいことを考えよう」

って言うようになって、子供たちは一歩一歩、ほんの少しずつですが、元気を取り戻していきました。

12月

すっかり秋風が吹くころになって、10月は花子の誕生日、11月は舞子の誕生日、そして12月がやってきました。いつもなら12月8日が結婚記念日、10日が主人の誕生日、24日が私の誕生日でもあり、さらにクリスマスイブとパーティが続き、毎年楽しくてしかたがない大好きな月なのです。

この年は、8日の結婚記念日にちょっと高価な買い物をしました。というのは、リボンの形をした指輪を主人がこの日に買ってくれることになっていたからです。それこそ、何度もお店に通って決めた指輪でした。あまりに何度も何度も見に行っていたので、主人は恥ずかしくなったのか、最後に一緒に立ち寄った時は、

「今日は買おう」

と言われたんですが、私が、

「今はダメ。お誕生日に買ってね」

と約束していたんです。その指輪を自分で買ったのですが、少しもうれしい気持ちにはなれませんでした。

そして、忘れられないのが、その夜は3人でスキヤキを食べました。

朝起きたら、色紙を切り抜いて貼り合わせた文字や絵で、

「HAPPY BIRTHDAY MAMA」

と書かれた、花子と舞子手作りの飾り付けをしてお祝いしてくれました。いつもなら家族全員にお祝いしてもらう大好きな日です。2人とも私を喜ばせようと、いつも以上に一生懸命盛り上げてくれました。プレゼントも、花子が手作りのバッグ、舞子はおもちゃの指輪をくれました。自分で買った高価な指輪より、舞子からの指輪のほうが嬉しくて、それからずっとつけていました。今でもこの日のことを思い出すと涙が出ます。本当に嬉しかったです。

こうして娘たちと一緒に、悪夢のような1985年がなんとか過ぎて行ったのです。

第二章

仕事復帰

仕事復帰

翌年の1月。
私は仕事に復帰することに決めました。

主人は「テレビ新広島」が制作する、中国地方5県のことを題材にしたクイズ番組『クイズクロス5』の司会を初回からずっと務めていて、99回目までは収録が済んでいました。この99回目は前もって収録してあったので、事故後、8月16日にそのまま放映されました。実は100回めの記念の回は、夫婦で司会をすることになっていたんです。

1986年の年明け早々に、TV局の方とスポンサーの中国電力の方から、
「まだ事故から日が経ちませんが、柏木さん、九さんの後を継いで司会をやっていただけませんか？」

という連絡を頂戴しました。私は司会の経験はありませんでしたし、全く自信のない分野ですから、

「とても出来ないので……」

と一度はお断りしました。が、何度もお電話を頂いたり、足を運んでくださるなかで、

「広島は原爆があってどん底を経験した街だけれど、そこから立ち直りました。その土地から仕事を始めて柏木さんにも立ち直って頂きたいんです」

とおっしゃっていただき、その言葉が胸に響き、心を動かされました。

考えに考えて、勇気を出してお受けしました。ですから、私の仕事復帰はあんがい早かったのです。

事故以来、やはりお洒落からは遠ざかっていました。でも、仕事再開を機に、自分に対する励ましもこめて、少しでも着ている服で明るさを取り戻したいと思って、広島に向かう時には思い切ってローズピンクのハーフコートを選び、第1回目の収録の時はピンクのスーツを選んだのです。その後も意識して仕事のときは明るい色の洋服

を着るようにしていました。

主人は広島まで毎回飛行機で行っていましたが、私はどうしても乗るのが怖くて、往復10時間かかっても新幹線を選ぶことにしました。しかし新幹線で広島に向かう途中も、窓から空の雲を見ていると、どうしても主人のことばかり考えてしまって、「あそこからポンと出てきてくれないかな。あの中にいるんじゃないかな」などと本気で思ったりしました。あの頃は、まだ起きたことが実感できなくて、道を歩いていても、どこに行っても主人の面影を探していました。

TV局の玄関前に着くと、長年主人と仕事をしてくださっていた大勢のスタッフの方々が、花束を持って温かく出迎えてくださいました。なんとか期待に応えたいと、その日は無我夢中で務めさせていただきました。その日も放送局には大勢の報道陣が来たりして、仕事復帰のことがニュースで流れたほどでした。

この番組での司会は2年間続けさせて頂き、番組の挿入歌も歌わせていただきました。

自分は絶対に司会など向いていない、とそれまでは思いもよらなかったこの仕事でしたが、一緒に司会を務めてくださった、広島で活躍されているタレントの西田篤史さんが、とても気を配ってくださり、何かと助けていただいたのです。

それでなんとかこなしていくことが出来て、

「私にも出来た……！」

と、心細いながらも自分に少しだけ自信がついたんですね。この経験は、もう一度自分が仕事をやっていくうえで大きな一歩となりました。

その後も、テレビ東京の『柏木由紀子の一杯のカフェオレ』という、毎回ゲストをお一人お迎えしてのトーク番組を2年間務めました。自分が司会の立場で人に話をお聞きするなんて、そんな番組、まさかではありましたが、少しずつ慣れていき、楽しいお仕事になっていきました。

『クイズ・クロス5』と同様に、地方のお仕事のなかで、坂本九は北海道札幌テレビ『ふれあい広場・サンデー九』も真剣に取り組んでいました。というのも、民放では日本初のレギュラーの福祉番組で、主人がさまざまな福祉施設を訪問し、障がい者の方々と一緒に歌ったり、お話をしたり、その触れ合いや交流を紹介する番組でした。

主人は、
「健常者も障がい者も何も変わらない。皆、心は一緒、同じなんだ」
ということを強い想いで伝えていました。まだ「チャリティ」という言葉自体もポピュラーではない時代でしたが、福祉問題への取り組みは、主人の体の一部になっているかのようでした。

結果、昭和51年から亡くなるまでの9年間、月に何日かは北海道に行っていました。いつも札幌グランドホテルの同じ部屋に宿泊し、ルームキーや、浴衣も専用のネーム入りのものを用意してくださり、バーには主人の名前の付いたカクテルもありました。北海道の皆さんは、本当に温かい方ばかりで、春休みや夏休みには私たち家族も同伴で施設を訪ね、スタッフの皆さんと楽しい時間を過ごしました。

一緒に歌やゲームに参加させてもらうなかで、主人がつねづね言っていることが本当なんだ、皆心は一緒なんだということを、私自身も肌で実感することが出来ました。

とても印象に残っているのは、ある時番組で車椅子マラソンをした時のことです。車椅子の方々の中に、健常者も交じってのレースで、主人も参加しました。3キロメートルの距離を、車椅子で走るのです。パパの乗る車椅子の横を、娘たちが、声援を上げながら小走りについていきます。もちろん私も歩いてですが一生懸命応援しました。主人は初めて車椅子を自分で動かす経験をして、

「車椅子からだと、あんなにも視線が低くて、あんなに扱い方が難しいのか！」

と驚いていました。道路の高低差や段差など、自分で乗ってみて初めて、車椅子での毎日がどんなに大変か、身に染みて感じた貴重な経験だったようでした。

事故からしばらくたって、北海道の施設運営者の方が

「九ちゃんの記念館を作って、九ちゃんの人間的な温かさを伝えていこう」

とおっしゃって下さり、9人のメンバーを集めて「9人会」を結成し、北海道の栗山町に「坂本九思い出記念館」を作ってくださいました。主人の死後、8年後のことでした。

事故の2週間前、主人は札幌市栗山町の福祉施設「ノビロ青年の家」を訪れていました。番組収録を終えた主人は、青年の家の生徒さんたちと一緒にジンギスカンを食べたりゲームをしたりとても楽しく過ごして、施設から帰る時は、生徒さんたちが、

「九ちゃん帰らないで！」

と、皆涙を流しながらすがりついてくれたという、そんな思い出の場所に造られた記念館です。

「九」にちなんで、メインの展示場は九角形で屋根の上にも九角錐の塔を取り付けたほか、入り口には「九」の字形の大きなモニュメントが設置されています。多くの方々の寄付や募金をいただいて完成した、心温まる記念館です。『ふれあい広場 サンデー九』の番組のビデオを流していたり、生前のテレビの台本や、ステージ衣装、ギター、仕事で使っていたカバン、靴、テニスラケットやウエア、ゴルフバッグ、さらには我が家のリビングで座っていたソファや愛用していた湯呑みからコーヒーカップ、私が編んだセーターに至るまで、約３００点にものぼる思い出の品を展示しています。私も北海道に行くと時々記念館に伺い、北海道と主人の懐かしさにひたっています。北海道は、主人にとっても私にとっても第二の故郷のような場所になりました

そして事故から13年余りが経った１９９８年、１９９３年に発見された火星と木星の間にある小惑星6890番が「KYUSAKAMOTO」と正式に命名され、アメリカのスミソニアン天体物理観測所の小惑星命名委員会から公表されたのです。小惑星にはそ

うやって固有名を付けることが学会で認められているそうです。

『見上げてごらん夜の星を』『上を向いて歩こう』など夜空の歌を歌い、主人自身も星が大好きでした。主人が世界中のどこに行っても、永遠に空から見ていてくれるようで、本当に感激しました。

暮らし

少し落ち着いた頃に花子から訊かれたことがありました。

「ママ、これからはママが働かないと食べていけないの？」

と。そんなことを考えていたのかと胸が痛くなりました。

それまでは主人がすべ家計を仕切ってくれていて、毎月同じ額を家計費としてもらっていました。光熱費などは主人の口座から引き落とされていて、食費や雑貨、子供にかかる諸経費などをそこから出して、家計簿をつけて、私は私で管理していました。

それなりにまめにお金の管理をしていて、浪費家ではなかったと思います。

結婚前は、実家で生活をしていたので、仕事はしていましたがすべて出演料は自分の貯金。ファッションが大好きでしたから、どうしても欲しいものがあると貯金から買うような感じでした。もちろん母に時々プレゼントくらいはしていましたが。けっして贅沢三昧ではなかったと思っていますが、本当に恵まれていたと思います。

主人が亡くなり、初めて自分で家計全体を管理する立場になりました。

「明日からどうしよう。どうやって生活していこう？」

人から見たら、いい大人が何を、と感じられるかもしれませんが、私にとっては初めてのことでした。

外食するときもすべて主人が支払いをしてくれていたので、レストランで食べ終わっても、はたと、

「どこから出したらいいんだろう？」

と、最初は戸惑うくらいだったんです。

当時、主人の個人事務所が六本木にあって、スタッフが2名、運転手さん、お手伝いさんを雇っていました。もちろんその方たちにお給料をお支払いしなくてはいけま

せん。でも、どこから何をいくら出していいのかも把握していなかったので、途端に困りました。

生活防衛策として、白熱灯を蛍光灯に替えたり、主人がいた時は便利だと思っていたセントラルヒーティングもやめました。1か所温めると家全体を温めることになり、非常に効率が悪かったんです。かわりに灯油のストーブを購入したけれど、灯油を補充しないと温かくないという当たり前の事実にさえ慣れていませんでした。寒い日に灯油のストーブの前で娘たちと3人体を寄せ合って過ごしたこともありました。そうやって出来る限りの節約をしていました。

坂本九は世界で大ヒットした『上を向いて歩こう』をはじめ、『幸せなら手をたたこう』『見上げてごらん夜の星を』『明日があるさ』『ジェンカ』などのヒット曲もたくさんあったので、多くの方々は、

「印税で食べていけるでしょう」

と思われるみたいなんですが、それは期待できませんでした。作詞家、作曲家の先生方には印税は入りますが、歌唱印税は多少はあるものの少額でしたし、再放送の二

次使用料や主人をメインにした番組が放送されると少しは頂きましたが、それをあてにするわけにはいかないと思いました。その上、生命保険も掛けていませんでした。車やゴルフの会員権などは、その時はとても処分する気にはなれなかったのです。出来るだけ主人が生きていた時そのままにしておきたいと思っていました。何よりも、主人が遺したこの家は絶対に売りたくなかった……。売却すればある程度まとまったお金になることはわかっていたけれど、

「絶対に私が守る」

と決意しました。家を守っていくためにも

「私が働こう」

と思いました。私が働いた収入と多少の実家からの援助、主人が遺してくれたもので、スタッフにお給料を払い、私たち家族3人も生活していました。

でも翌年になると、スタッフを縮小せざるを得ない時が来ました。ほんとうに申し訳なく思いながら、年齢がまだ若い方には、

「ごめんなさい。なんとか次の仕事を見つけてください」

そうお伝えして、なんとか理解していただきました。

しかし、私が働きに出る以上、子供たちのこともあって、お手伝いさんだけは絶対に必要だったので、お願いしていました。その子は住み込みで15歳から来てくれていて、坂本九との思い出も持っている子でした。いちばん大変な時に、黙ってよくやってくれて、一生懸命支えてくれました。事故から4年後にその子の事情で辞めることになって、とても残念だったのですが、その後も代わる代わる何人かの方に来てもらっていました。

運転手さんは長年主人についてくれた方で、そこから9年間お世話になりました。最初の3年間は私自身が無我夢中で働いていたので、移動も多かったのですが、徐々に車が必要ではないことも多くなり、運転手さんの仕事が減ってきたんですね。うちに来てくれては、車を洗って、顔を合わせている時間が長くなっていたんです。高齢でもあったのですが、私も最後まで、なんとか働いていただけたらと思っていましたが、なかなかそこまでは出来なかったです。

そうやって生活をスリムダウンしていって、私も一生懸命働いて、どうにかこうにか暮らしていました。

お墓

家族の中ではもちろんのこと、世間的にも主人は存在が大きかったので、彼のお墓は一人前の男「大島九」として独立したものを作りたいと思いました。主人はお母さんが大好きだったから、

「お母さんのお墓に入れてあげたら」

と、義姉から提案がありましたが、先に書いたような理由で、単独のお墓を作りたいことを伝えました。義姉も納得してくれて、西麻布にある永平寺別院長谷寺（えいへいじべついんちょうこくじ）にお墓を建てました。主人はコメディアンのエノケンさん（榎本健一さん）にとても可愛がっていただき、亡くなられてからは西麻布を通ると、ときどき一緒にお参りしていたことがあったのです。それが永平寺別院長谷寺だったのです。その記憶があって、宗派もたまたま同じだったので、エノケンさんの奥様に相談し、お寺を紹介して頂いて、そこに決めました。

主人のお墓はエノケンさんのすぐそばです。自宅からも行きやすくて、ちょくちょ

くお参りしています。

胸が痛くなった日航との交渉

事故のあったその年は、嵐が突然ワーッと来て春夏秋冬も感じられずに過ぎた1年でした。2年目になって、補償の話が始まりました。

当初は弁護士さんにお願いしていましたが、主人の芸能人という仕事柄、なかなか話が進まず、2年、3年……気がついたら5年の年月が過ぎてしまっていました。たしか、最後の2人のうちのひとりになっていたかと思います。

日航は本当に私たち家族の気持ち、坂本九のことをわかってくださっているのか？このまま弁護士さんにお任せしていていいのか？

心配と不安でいっぱいになり、直接お話をしたほうが、いえ、直接お話をしなければ、という気持ちになっていました。日航には弁護士さんからそのことを伝えていただき、そこからは日航の方が直接家に来られるようになりました。
　最初は姉に助けを求め同席してもらい、当時1階にあったお仏壇のある和室で、正座をして向かいました。

　乗り越えなければならないトンネルの入り口に立ってしまったのです。

　遺族の誰もが、一番の望みは本人を返してもらいたい、それにつきます。もちろん私もそうなんです。でも、どんなに泣いたり怒鳴ったりしても、それは無理なことはわかっています。事故以来、つねづね抱いている感情を誰かに直接ぶつけることはありませんでした。でも、それをするなら今ではないかと思いました。直接お話しする機会に、とうとう思い切って、頑張ってぶつけることが出来たんです。それまでの私の性格では出来なかったことで、自分でも驚きました。なるべく冷静に、でも言いたいことは思い切って言いました。怒り、悔しさが胸の中にたまっていたのだと思います。
「道半ばで突然夢を絶たれた夫がどれほど悔しい思いをしているかおわかりでしょう

か」

これが日航に一番伝えたかったことです。

「生きていたら、今もなお、ステージに立って歌っていることでしょう」

「あの飛行機に乗ったために、主人も家族もすべてが変わってしまったんですよ」

とも言ったかと思います。

思いが通じないと感じた時は、お手紙を書いたこともありました。

途中、交渉人が日航の役員の方に代わられて、何度もお会いしましたが、会うたびに嫌な思いをして、悲しさが増してきます。それをいつまでも続けたくなかったし、前を向いて進みたい、とある時から思うようになり、妥協ではあったけれど、最終的には一定の補償を受けることで解決しました。

交渉が終わったということは、結局主人の生命がお金に換算されてしまったことに同意しているわけで、何とも言えない悲しさとむなしさが残りました。

終わってほしい一方で

「終わらないでほしい」

と感じてしまうほど、心が乱されました。

ここでお伝えしたいのは、私の日航の担当者の方々は、全部で3人の方がいらっしゃいましたが、おひとりおひとり、人としてはとてもいい方でした。ある方は、御巣鷹山のふもとにある山小屋に長い間滞在して、山にこもって、毎日近辺を歩いて回り、掃除をしたり、供養をしてくださっていました。尾根や墓碑の写真を送ってくださることもありました。その方々には今でもとても感謝をしています。

御巣鷹山には翌年の8月12日に初めて登りました。山の上は事故から1年後でもまだ事故の爪跡が残っているような状況です。

「ここに主人が眠っている」

とはどうしても思いたくなかったですね。

毎年ではないけれど、行ける年は娘たちと一緒に登りました。

その後日航からは、その担当者の方が墓碑の写真などを送ってくださったり、今は御巣鷹山に登るバスの時刻のご連絡を頂くくらいです。

最初は遺族会も開催されていて、1回だけ出席しましたが、皆さん私と同様で大きな悲しみを抱えておられ、お会いするとよけい悲しみが増してしまうのです。その中にとてもいられなくて、それ以降は顔も出せなくなってしまいました。でもご遺族の美谷島さんという方が、遺族の方たちの毎年感じるお気持ちの投稿をまとめて「おすたか」という本を作ってくださって、36年間毎年送ってくださることに感謝していま す。それを読むと、

「ああ、皆さん私と同じ気持ちなんだなあ」

と、36年間同じ思いで歩んで来ている方々に励まされています。

どうかどうか、二度と同じような悲しい事故が起こりませんように、と祈り続けていきたいと思います。

講演会

事故の翌年の4月に、主人の思い出や家族愛などをつづった『上を向いて歩こう』

を出版しました。それが20万部を超えるベストセラーとなりました。すると、その著書に基づいた講演活動の依頼が次々に舞い込むようになりました。

最初依頼が来たときは、

「え、私が講演会？　人前で話すなんて絶対無理」

と感じたし、本来好きな仕事ではないことは明らかでした。

私をよく知る周囲の人からも、

「ユッコがなんで？　できるの？」

と口をそろえて言われました。主人も聞いていたら、同じことを言ったでしょう。

そんな時、進学塾を経営する主人の同級生の方と話をしました。その方は、人前でうまく話ができなくて、その悩みを主人に相談したところ、

「心で思ったことをそのまま話せばいいんだよ。話は心で話せばいい」

というアドバイスをもらったという話を聞いて、私は口下手ではありますが、

「チャレンジしてみよう」

と、やってみることにしたんです。家計の助けにもなると思いました。

講演会でのお話の内容は、私たち夫婦も家族も、どんなにか幸せで温かい家庭で、

主人もどんなに素晴らしい人だったか。出会いから結婚まで、そして娘たちが産まれ、家族が2人から3人、4人と増えていった日々のこと。

旦那様としての坂本九、またひとりの男性としての坂本九、歌手としての坂本九。幸せいっぱいのエピソードもたくさんお伝えしました。

そんななかに、突然襲った事故のこと、その後の状況……。

私の経験を通して、皆さんにお伝えできることは、今を大切に！　ということでした。誰もが明日は何が起こるかわからない。だから1日1日を大切に生きてほしいということを心の底から言いたかったですね。夫婦喧嘩出来るのは私から見たら幸せなことと思います。

途中、前にもお話しした主人と私のデュエット曲や、私と子供たちが父の日のために作った「パパ大好き」という曲を、6歳と3歳の娘たちが歌っている音源も聴いていただきました。

すると皆さん、ハンカチを取り出して、涙して聴いて下さいました。

第一回目が無事に終わると、次々に講演のお話が舞い込みました。多いときは週1

回、最低でも月1回の講演活動がコンスタントに始まって、私は日本全国を駆け巡ることになりました。経済的にもかなり助けられて、私も毎回心を込めて、一生懸命お話ししました。

何よりもお客様がその場で笑って下さったり、涙を流されたり、怒りを感じて下さったり……反応がその場で感じられて、臨場感というのでしょうか、私のほうも心を動かされるんです。終了後のアンケートもたくさんの方が詳しく書いて、箱に入れて下さり、さらにそれとは別にたくさんのお手紙も頂戴しました。励まされることが多い一方で、私自身も人を励ますことに繋がっていることが、嬉しかったですね。それに、主人である坂本九が素晴らしい人だったことを、ひとりでも多くの人に伝えたかったんです。だから、

「やってよかった！」

と本当に感じていましたし、やる以上一生懸命やろうと思っていました。

でも、立ちっぱなしで1時間半、ノンストップで話さなければいけない状況は、体力的に辛い時もありました。ある時期、出血が止まらなくなって、検査を受けると子

宮筋腫がわかり、入院・手術をしたこともありました。そんな体調で病院から講演会場に駆けつけたときは、さすがに座ってお話をさせて頂いたこともありました。楽しみにしてくださる方がいると思うからこそ、

「這ってでも行こう」

と頑張れたんだと思います。

でも、数年が過ぎた頃、私自身は前を向こうと必死で生きていたのですが、講演で話すたびに、前に進んでいるのに心が後ろに戻ってしまうんです。お客様が泣いているのを見て、私もまた涙が止まらなくなったり……。あの時の気持ちが蘇ってしまうのです。

「これでいいのだろうか」

と思い始めました。徐々に、気持ちが重くなって、体もぐったりするようになりました。

その頃には世間で次から次へと事件や災害が起こり、日航機事故のことも少しずつ人の記憶から薄れてきた実感がありました。それとともに私も、ペースを少し変えて、自分をかえりみることにようやく目が向き始めました。

とはいえ事故の翌年から36年間、たくさんの講演を務めてきて、大勢の皆さまと触れ合えたことは、私のかけがえのない財産です。

女優再開

結婚前は女優として多くのドラマに出演させて頂きました。中でも21歳のときに演じたドラマ『細うで繁盛記』の春江役は印象深く、当時は街を歩いていても、

「春江ちゃん」

と声をかけられ、女優という職業のやりがいを感じていました。事故後に、

「九ちゃんの……」

と声をひそめられることが増えていったのとは対照的でした。

結婚してしばらくは、子育てと家事が中心の生活でしたが、子供たちが2人とも小学校に入って多少手が離れた頃に、ものすごく仕事がしたくなって、

「私も仕事がしたい。またドラマがやりたい」

と主人に言ったことがあるんです。そういう時はきちんと話を聞いてくれる人でした。

「仕事を辞めてほしい」

と主人から言われたことは一度もなかったし、この時も

「ユッコには、いつまでもキレイでいてほしいから、やりたいことをやったらいいよ。女優の仕事を再開したいなら、改めて演技の勉強をしたらどう？」

と言ってくれたんです。今思っても、本当にいい主人でした。

それで、私の中では女優再開の方向に向かおうと思っていたのですが、その頃主人と一緒にクイズ番組『なるほど！　ザ・ワールド』に出演したり、夫婦共演でＣＭのお仕事などがどんどん増えていきました。また、当時主人は『世界歌謡祭』の司会を毎年やっていました。全部で15回務めたと思います。日本武道館に、世界中から実力派の歌手が参加して、３日間にわたって行われる素晴らしい歌謡祭でした。日本からも必ず毎年何人かが出場して、ある年は「時代」を歌った中島みゆきさん、次の年は「あんたのバラード」の世良公則さん、その次の年は小坂明子さんの「あなた」等もグランプリを獲りました。バックステージも国際的な雰囲気で、主人とともにお洒落

をして打ち上げパーティに出たこともいい思い出です。

そんななかで女優業にはなかなか進めないままでした。それに、やはり人生の中心は家庭、主人や子供に向ける以外の時間で仕事をするというスタンスは崩せなかったんですね。

だから、ひとりになって、生活のために仕事をしなければいけない立場になった時、

「私は、なにをやっていきたいんだろう？」

とよく考えました。向いている、向いていないは別として、

「女優をやっていきたい」

とそのとき思えたんです。それで、周囲の友人にも相談すると、信頼する知人から
「女優を再開するなら、個人事務所というより、ホリプロのようなところに入ったほうがいいんじゃない？」

と勧めていただきました。ご縁があって、ホリプロへ移籍することが決まりました。この時は、

「自分の居場所を見つけた！」

と心が震えて、ほんとに嬉しかったですね。

当時いろいろなことがあった私ゆえ、反対に業界は受け入れやすかったんだと思うんです。結果、すぐにお仕事がはじまりました。

映画化もされたドラマ『早春物語～私、大人になります～』から女優再デビューさせていただき、

『必殺！主水死す』（1996）

『CUTE』（1997）

『はりまや橋』（2009）といった映画、ほか2時間ドラマなどにも多数出演し、2010年ごろまでは、毎年1本は出演していました。

あわせて舞台もやるようになったのですが、私の性格上、「舞台の最中に、突然台詞が出なくなったらどうしよう？」と怖くなって、徐々に舞台からはフェイドアウトしていきました。

でも、世間的に私には事故のイメージが強烈につき過ぎていて、しかも柏木由紀子よりも坂本九の妻という立ち位置が強くて、明るい役柄は来ませんでした。

'04年からは、娘2人と私のユニット「ママ エ セフィーユ」（フランス語でママと娘たち、の意味）を結成し、コンサートを開催するようになりました。そこから徐々

に、自然とかな、娘たちとの共演が楽しくなって、このコンサートに力を注ぐようになったんです。

ハワイがくれたもの

怖くて怖くて、事故直後はどうしても乗れなかった飛行機にやっと乗れて、再び大好きなハワイに行ったのは事故の翌年の6月でした。子供たちが、

「あんなに楽しかったハワイだから、きっと楽しいよ。行こうよ」

と背中を押してくれて、安定剤を飲みながら、ハワイ便に乗りました。これは大きなひとつの進歩でした。


結婚8年めくらいから、主人が『スター千一夜』の司会の仕事をして、ハワイロケに行ったとき、私たち家族も一緒に行きました。すっかりハワイが気に入り、それ以来、毎年暮れには10日間ほど家族みんなで、私の母も一緒にハワイで過ごしていまし

た。
3、4日間は子供達とべったり過ごす日と決めて、子供たちがしたいことにはなんでも付き合っていました。
ハワイでは夫婦の時間もたくさんありました。夜中子供と母が寝た後に、2人でクラブに行ったり、美しい星空を見上げて話し合うこともありました。昼間は泳いだり、テニスをしたり。ハワイがとても好きだった主人は、

「歳を取ったら、ハワイに住もうか」

と半分本気で言っていたほどです。


事故後初めて来ることが出来たこの旅の時には、私がパパの代わりとなって、初めてハワイでホテルから近場への移動は運転をしました。いつも助手席に乗っていたので、道も気をつけなければいけない運転のポイントも知らず知らずのうちに身についていたので助かりました。

ハワイには、主人と何度か行くたびにお友達が沢山出来ました。その皆さんが、日航機事故のことを知り、遠くハワイでも悲しみ、ショックを受け、私たち家族のこと

を心配してくれていたんです。

そんな私たち家族が再びハワイにやってきたということで、なんとか楽しんでほしいと、それぞれに皆さんが手厚く迎えてくださいました。私が運転して行けそうもない遠くまで、ドライブに連れて行ってくださったり、お食事のお誘い、お家で沢山の方達とパーティーのような楽しい時間を作ってくださったり、娘たちが喜びそうなハワイらしいお店に連れて行ってくださったり。

皆さん私たちのことを思って必死にもてなしてくれたのだと思います。

そんな優しさや気遣いを痛いほど感じ、嬉しかったし、私たちもすごく力を頂きました
主人がいる時と変わらず優しく接してくださった方々に今でも感謝しています。


子供たちが成長してからはひとり旅で行くこともありました。

10年ほど前、ひとりでオアフに滞在していた時に、アラモアナショッピングセンターに行ったのですが、いつもは入ったことのないお店になぜか入ったんです。そうしたら、そこで黒柳徹子さんにバッタリ！

日本での年越しは、黒柳さんと赤坂にある豊川稲荷へ初詣でに行って、そのあと向かい側にある「とらや」さんでお汁粉を頂く……これが何年間か続いていました。黒柳さんは、元旦からハワイに行かれるとお聞きしていたのですが、私は決めかねていて、大晦日には行くとははっきり言っていませんでした。迷った挙句、ひとりで出発することにしたんです。それがハワイで、しかもいつも入らないお店で、バッタリとお会いできるなんて本当にびっくり、嬉しかったです。私がひとりだったので、その後も誘って下さり、ご一緒にいらしていた森光子さん、メリー喜多川さんとお食事をして、その後4人で、ジャニー喜多川さんのハワイの別荘に遊びに行かせてもらいました。

きっと九ちゃんが引き合わせてくれたんだわね！　と黒柳さんも言っていたんです。ひとりで行っていたハワイだったので、よけいご一緒できたことが楽しかったです。

ハワイ旅行は再開できましたが、主人の死をきっかけに外食はめっきり減りました。周りはご夫婦そろっていらしているかたが大部分なので、

「うらやましい」

と感じてしまって、辛くなるんです。

自分の気持ちが、やはり事故に引っ張られてちょっと屈折してるかな、と思うことが当時は時折ありました。

笠間稲荷

主人が生きていた頃、わが家は玄関の外にも家の中にも、お稲荷さんが祀られていました。２月の初午の日にはお野菜をそろえて祀ったり、しきたりも厳格に守っていました。

というのもこんなことがあったからです。主人は子供の頃に、昔から笠間稲荷を信心していた義母と、茨城県笠間市に行くための列車に乗っていました。その時、車内で見知らぬ老人に、

「車両を移ったほうがいい」

と言われ、その通りにしたところ、列車が脱線事故に遭い、ぎりぎりのところで命

拾いをした経験があったのです。以来、主人は笠間稲荷を自分の守り神として信心してきました。毎日出かける前には仏様にお線香をあげ、隣のお稲荷さんに手を叩いてから玄関を出て、祠にも一礼して出かけていました。もちろん結婚式も笠間稲荷で挙げましたし、その後も豆まきの日には必ず訪れていました。

ペンダントのお守りも常に身に着けて、心配なことがあるとペンダントを握りしめて、お祈りをしていました。実は遺体の確認が早まったのも、前に述べましたようにそのペンダントを身に着けていたからこそなのですが……。

でも、亡くなってからは、私自身は主人のようにはお稲荷さんを信心していなかったので、家にお稲荷さんを置いておくのは、かえっていけないのではないかと思って、笠間稲荷から宮司さんに家まで来ていただいて、すべてを元に戻しました。

実はお稲荷さんの狐と犬は相性が悪くて、犬を飼ってはいけないという言い伝えがあります。ところが、以前家族で軽井沢に行った時、知人の方が川上犬という犬種の犬をプレゼントしてくださり、その犬を飼ったことがあったのです。外で飼っていたのですが、あるとき脱走して行方不明になってしまいました。この時主人と、

「やっぱり、犬が飼えない家だね」

という話をしていました。

そして、事故の翌年に仕事でペットショップにロケに行った時、ショップの方が、

「柏木さん、ワンちゃん飼ったらいかがですか？　お子さんたち、喜ぶのでは？　楽しいですよ」

と言って、本当に後日、家に3種類の犬種の子犬を3匹連れてきてくれました。私たち家族を、色々な方が力になろうと気遣ってくださいましたが、この方も純粋に癒しになれば、と考えて、損得抜きでそうしてくれたのです。

「よかったらぜひ飼ってください」

と気に入った1匹を選ばせてくれました。すでにお稲荷さんを撤去していたので、心おきなく飼い始めることに決めました。3匹の中の真っ白なマルチーズを選び、「桃吉」と名付けました。桃ちゃん、すっかり家族の一員になってくれて、3人での生活が少し明るくなりました。桃ちゃんは、みんなの心を癒してくれました。

七回忌

１９９２年８月。高輪プリンスホテルのプリンスルームで、親しい方をお呼びして、坂本九の七回忌記念式典を開催しました。ここは、１９７１年に笠間稲荷で私たちが結婚式を挙げた翌日に、「ボクとユッコのダンスパーティー！」を行った思い出深いお部屋でした。

開会の時に、事故からその日までの６年間を振り返った挨拶をさせて頂きました。会の発起人になってくださった黒柳徹子さんの素敵なご挨拶の一節とともに、私の挨拶も当時の気持ちがそのまま言葉になっていますので、ご紹介させていただきますね。

今振り返っても、ようやく色々なことに一区切りついた時期で、主人がいないことにも、自分が大黒柱としてがんばっていることも……すべてのことにようやく慣れてきていたのかなと思います。

黒柳徹子さんのご挨拶抜粋

「柏木さんから、こういう会をしたいからとお電話をいただきました。

『(主人のことで)皆さまにはっきりお礼も申し上げていないし、この6年間本当に支えていただいたこと、それから子供も2人とも本当に元気に育っていますので、皆さまに2人の娘がこんなに大きくなりましたと紹介したいのです。それから今なら坂本九の思い出話を聞いても涙、涙にならず頑張れるから、そういうことで会をしたいんだけど黒柳さんどう思いますか？』

というお電話をいただきましたので、私は、

『ぜひおやりなさい。そして、ますます柏木さんが元気になって仕事をするようになれば、九ちゃんだってとっても喜ぶと思うわ』

というふうにお電話でお返事を申し上げて。そしてみなさまにもお誘いのお手紙を差し上げて、今日の運びになりました。

私は九ちゃんがデビューの時から「上を向いて歩こう」とか「夢で会いましょう」、それから『若い季節』とか、そういう番組でずっと一緒に、デビューした頃の九ちゃ

んをよく知っています。それから九ちゃんが福祉の仕事をやっている時もずっと一緒にやってきましたし、九ちゃんが悪いことをして遊んでいる時も、それから本当にいい子で仕事をしている時も全部知っているということで、今日はお友達もたくさんいらっしゃっていると思いましたけど、お友達代表ということでここに立たせていただきました。今日も私が泣くと、

「てっこちゃん、いつまで泣いているの？」

と言われると思って、今日はみんなからちょっと派手だなと言われている洋服を着ちゃって……今日は普通の洋服で来るんだと思ったんですけど、皆さん黒が多くて。私だけ派手でちょっと恥ずかしいんですけど（笑）。そうやってここに入ってきたんですけど、やっぱりこれだけの皆さまからのお花とか、それから九ちゃんの写真とか、そしてこれだけお集まりくださった皆さまの心の中を思うと、どういうわけだか涙が止まらなくて。本当に九ちゃん、泣くつもりなかったのよって今も言い訳してました……」

柏木由紀子挨拶

「本日は皆さまお忙しいなか、こんなにもお集まりいただきまして本当にありがとうございます。本当に早いもので、まる6年の月日が経ちました。6年前の8月には、今日のこの日が来るなんてことさえ考えられなかったんですけれども、今日の七回忌がやってまいりました。今回この七回忌の準備をしていても、なんだかまだ信じられなくて。ほかの人のことをやっているような、そんな気持ちになったりもしました。けれどそれは、6年前の私とはちょっと違っていて。私の中で何かが少しずつ客観的になってきているせいだと思います。最初の1年は、嵐がワッと来て、その嵐になぎ倒されるような。春夏秋冬とか四季が感じられないままに過ぎた1年でした。そして、2年目には我に返り、なんとか家族を守らなきゃということで仕事を再開しまして、無我夢中で過ぎた2年目。そして、仕事にも少しずつ慣れてきたこの何年かです。いつでもどこでも、皆さまの目に私は守られてきました。仕事場で、それからテレビ局の廊下で、街角で。皆さんが私に声をかけてくださいました。たとえ声には出さなくても、皆さんが目で、そして態度で私に声を送ってくださいました。

『大丈夫？』『頑張ってね』……。

私はうつむきながらもその皆さんの言葉をいつもいつも痛いほどに感じて、とても有難く、どんなにかそれが支えになったことです。そしてその度にいつも思っていたのが、こんなに皆さんに気を遣わせちゃって悪いな……と。そうして6年が経ち、皆さまと再び坂本九を囲む日を迎え、すべての方に今日お礼を申し上げたいと思います。

この6年間、本当にありがとうございました。

会を開くにあたって、黒柳徹子さんに相談させて頂きました。黒柳さんにはそれまでも、それからも本当にお世話になって、感謝しかありません。ご挨拶を聞いた時も、涙が溢れました……。

もう大丈夫です。もう今までのように気を遣わないでくださっても大丈夫ですから。

坂本九の話が出るたびに、私は守られているんだなと思いました。つい先だって、朝日新聞の二面を使って実物の3倍くらいある大きな坂本九の笑顔が載りました。

これからは坂本九の素敵な笑顔に少しでも近づけるように、笑顔を大切に生きていきたいと思います。それが坂本九のことをいつまでも忘れないで愛してくださる皆さまへの、私からのせめてもの恩返しだと思います。

スペシャル対談
ゲスト●黒柳徹子さん

あの時、ハワイでばったり会えたのは、空からの引き合わせ?!

黒柳徹子さんは、テレビの黎明期に坂本九とたくさん共演してくださり、私の幸せな新婚時代、事故に見舞われ絶望していた時代、そしてその後の私の歩みを最もよく御存じのお一人です。今回、あらためて徹子さんと当時のことを少しだけ振り返りたいと思いました。コロナ禍のなかということで、初めてのZOOM対談に挑戦してみました。

柏木由紀子

柏木：黒柳さん、ご無沙汰をしております。
黒柳：久しぶりね。
柏木：『徹子の部屋』は欠かさず見ています。毎日、今日も徹子さんお元気そう、と嬉しくなっております。いつもキレイなお洋服を着ていらっしゃって。
黒柳：ありがとう。毎日違う洋服を着るなんてどうかなと思うんだけど、TVは観るものだから、視聴者の方が楽しんで下さるかな、とそこは頑張っています。
柏木：はい。楽しませて頂いてます。
黒柳：だから貯金は一向にできません（笑）。だけどまあいいかって思っているの。
柏木：主人もお世話になって、事故の後は36年間お世話になりっぱなしで、感謝の気持ちでいっぱいです。
黒柳：九ちゃん、生きていらしたら何歳になられるの？
柏木：今年80歳になるんです。
黒柳：80歳の九ちゃんなんて信じられないわね。私も80歳過ぎているんだから驚くことないんだけど、やっぱり驚いちゃうわね。
柏木：ねえ。

黒柳：九ちゃんとはＮＨＫの初期のドラマ『若い季節』にゲストで来てくださったの。このドラマはね、45人もスターが出ているというすごい番組だったんだけど、そこに九ちゃんが来て下さったの。初めて共演した日は、ドラマなのに「ヤームスタファ、ヤームスタファ……♬」と歌いながら入ってきたのよ。とても印象深かったの。

柏木：「悲しき60歳」ですね！

黒柳：その後、私が司会をやっていたＮＨＫの『夢であいましょう』でもずっと一緒で、「上を向いて歩こう」もあの番組から大ヒットしたのよね。

柏木：そうですね。私はずっと観ていましたが、大好きな番組でした。

黒柳：バラエティ番組としては洒落ていたものね。私も九ちゃんとコントなんかやったりして、本当に家族のように毎日会っていて、姉弟みたいに仲が良くて、私のこと「てっこちゃん」と呼んでくれていたの。

柏木：なぜ「てっこちゃん」になったんですか？

黒柳：ねえ。ほかの人は誰も言わないのに。九ちゃんだけよ。

柏木：本当に仲良くして頂いていたんだなあと。

黒柳：チャリティでもずいぶんご一緒したわ。私の人生で最も悲しかったのは、九ちゃんが亡くなったときだったと思います。お葬式で弔辞を読ませて頂いたときも、何しろ涙が先に出ちゃって。私、頼まれた仕事はちゃんとやろうというところがあって、滅多にそんなことはないんだけど。どんなに立て直そうと思っても立て直せないくらい涙が出ちゃってね。すごく悲しかった。

柏木：はい。徹子さんの弔辞は昨日のことのように覚えています。

黒柳：お嬢さんお2人がピアノをお弾きになったのよね。

柏木：はい。2人で『見上げてごらん夜の星を』を連弾し、その後、花子が『心の瞳』を独奏しました。最後まで弾いたんです。私は泣きっぱなしでしたが。

黒柳：まだ2人とも小さくて。そのピアノを聴いて、よけい悲しくなって。今思い出しても、あの時、本当に悲しかったなと思います。

柏木：でも徹子さん、「いつでも電話してきてね」とおっしゃってくださって、夜中に何度もお電話させて頂きました。『世界ふしぎ発見！』のお勉強をされている最中に。

黒柳：真夜中の2時とか3時とかに「柏木ですけど」って。あんな時間に電話をしてくる人はあなたしかいないから（笑）。

柏木：いつも「遅くてもいいのよ」と言って下さって、それを真正直に受けて、どうしようもなくなったときお電話させてもらいました。私が言うことに「そうね」「やっぱりそう思うわよ」って同じことを言って下さって、一緒に悲しさを共有していただけたことが本当に嬉しかったんです。

黒柳：あんな事故を経験されたあなたと九ちゃんに対して、慰める言葉なんてないじゃない？　何を言っても戻っては来ないし、どうしたら力になれるのかなと考えたけど、力にはなれないって。私と話している時間だけでも、そのことを忘れて少しでも笑えるといいかな、少しでも頼りにして頂ければいいのかなと思ったけど、あなたはどうやって乗り越えたんだろうと今でも思います。

柏木：徹子さんに泣きながら聞いてもらうことで、とても落ち着くことができました。

黒柳：忘れられないのが、九ちゃんがいつも首から垂らしていたネックレスのこと。

柏木：笠間稲荷で作ったペンダントですね。

黒柳：事故後の捜索で、「ペンダントのところだけ出てきました」とあなたがおっしゃって、人間てこんなに大きいのに、その部分だけを見たんだろうかと思った時、あなたは本当に強い人だなと思いました。

柏木：そんな風に感じていただいてたんですね。

黒柳：こんな話今まであなたには、したことないでしょう。慰める言葉もなくて、「(見つかって) 良かったわね」と言ったけど、想像するだに恐ろしいことです。本当によく耐えられたと思います。

柏木：はい。言葉では言い表せない苦しみでした。

黒柳：事故の朝、九ちゃんが「なんか行きたくないな」と言ったのよね。

柏木：はい、そうです。

黒柳：仕事じゃなかったし、「じゃあ、やめちゃえば？」って言っていれば、やめたかもしれないのに、そう言わなかったことに、あなたが自分を責めやしないか、私はそれがとてもつらかった。

柏木：その数日前にも飛行機がすごく揺れた体験をしていて、その日も「雲が早い」と言ってたんです。でも私は「やめちゃえば」とは言えなかったんですよね。

黒柳：あなたはいつも人への思いやりがある九ちゃんのことを理解している人だったから、行かせてあげようときっと思ったんだろうなって。あなた本当に辛かったですね。

柏木：そんなことまで考えてくださっていたなんて。ずっとお姉さんのように思っていました。

忘れられない偶然

黒柳：でも楽しいこともあったわね。
柏木：お正月にハワイでばったり会ったりとか（笑）
黒柳：そうそう。私、何が驚いたって、大晦日に豊川稲荷で柏木さんにお会いしていたのに、お正月にハワイに行くなんておっしゃってなかったのよ。
柏木：そうなんです。その少し前に母が亡くなり、ハワイには母とよく行っていたので、行くと寂しい気持ちになるかなと、大晦日の夜にお会いしたときはまだ行くのを迷っていたんです。
黒柳：私はハワイでメリー喜多川さんや森光子さんと一緒に、アラモアナセンターの安い雑貨屋さんでスカーフか何かを買うのに、「安いんだか、高いんだか」とわいわい話していたところに、あなたが入っていらしたのよね。

柏木：あの時、いつもは入らないお店に、なぜか入ったんです。なぜか足がふーっと。

黒柳：空の上から九ちゃんが、「はい、行きなさい」って糸で操っていたんじゃないかと思うくらいだったわね。

柏木：その後皆さんに一緒にお食事に連れて行って頂いて、ジャニーさんのお宅にも伺って、あれも嬉しかったですね。

黒柳：豊川稲荷で偶然会ったこともあったわね。

柏木：いちばん最初がそうでしたね。翌年から、紅白が終わってからお電話して、「これから行きます」と約束して、何年間も年越しでご一緒していました。

黒柳：ある年は、あなた、すごく大きな箱を持ってきたことがあったの。

柏木：主人が信心していた笠間稲荷の狐のお稲荷さんをお焚き上げして頂こうと思って、持って行ったときですね。

黒柳：でも、「返すのに5千円かかるんですって。どうしよう?」ってあなたが言ったのよ（笑）。

柏木：よく覚えていてくださって。

黒柳：それで私が「あなた、５千円だってなんだって、これを持って帰るの嫌でしょう？　やってもらった方がいいんじゃない？」って言ったら、「じゃあ、そうします」って、またカタカタと音を立てて、向こうの方へ返しに行ったのを覚えています。

柏木：はい。あの時返せてほんとによかったんですよ。すっきりしました。

黒柳：お嬢さんが、豊川稲荷にボーイフレンドを連れて来たりってこともあったわね。

柏木：そんなこともありましたね。

黒柳：そのうち、「結婚しました」「子供が生まれました」と報告があって、柏木さん、本当に良かった、幸せにやっていらっしゃると思っていました。今は何人孫がいるの？

柏木：それぞれ1人ずつ男の子がいるんです。上の花子の息子は中学生、下の舞子の子は幼稚園の年長さんになります。

黒柳：九ちゃんに見せたいって思うでしょう。

柏木：それはいちばん見せたいです。男の子も欲しがっていたので。

黒柳：どんなに喜んだでしょうね。そう思います。

柏木：ありがとうございます。

黒柳：あなたは、ものすごく綺麗で、楚々としていらっしゃって、弱そうに見えるんだけど、とんでもなく強い方。私なんかよりずっとね。

優しい心で人に接すれば自分も人も癒せます。

黒柳：私も人生で悲しいことはそりゃあ何度かありました。考えたって悩んだってどうしようもないことってあります。
柏木：徹子さんはどうやって乗り越えられるんですか？
黒柳：私はね、割と済んだことについて、あれこれ思わない質なんですよ。母に、反省を母の胎内に忘れてきたって言われていたくらいですからね。
柏木：ウフフ。
黒柳：ある日ね、何か事件があって、母に泣きながら自分の心の内を話していた時に、目の前にお煎餅があったものだから、そのお煎餅を食べ始めたの。そうしたらすごく硬いお煎餅でバリバリ音を立てながら食べていたの。そうしたら母が「あなたちょっと聞きたいんだけど、さっき泣いていたわよね。今すごい音を立ててお煎餅を食べているんだけど、心の中にさっきの悲しみは残っているの？」って。

柏木：なんて答えられたんですか？

黒柳：「残ってない」って言ったら、「そうでしょうね。そうじゃなきゃそんなに音を立てられないわよ」って母が言ったの。そういう性質なのよね。

柏木：元気な徹子さんらしい、楽しいエピソードですね。

黒柳：今もコロナでこんな時代になってしまって、辛い思いをしていらっしゃる方が大勢いらっしゃると思います。

柏木：自分自身も人をも癒すことって何だと思われますか？

黒柳：そうね。優しい心で人に接するということ、もしかするとね。それぞれみんな悩みも苦しみもあると思うんだけど、そういう辛さを抱えている人を見たら、できることなら余計なことを言わなくても、ちょっとね、優しく接して慰められたらいいなと思います。なかなか難しいことだけど。

柏木：まさに、私は徹子さんにそうして頂いて、少しずつ元気になりました。もし私と同じような立場の方に出会ったら、そんな風にお話を聞いてさしあげたいなと思います。
黒柳：今年の大みそか、もしコロナが収束していたら、豊川稲荷に行きましょうよ。前のように帰りに向かいのとらやでお汁粉を食べましょう。道で会ったとしても、こんな話はできないじゃない。
柏木：寒くなかったらぜひ行きたいです。
黒柳：あなた、お婆さんじゃないんだから、何か暖かいものを着て行けばいいじゃない！　そこのとらやさんね、最近すごくきれいになったのよ。今度あなたと行きたいなと思っていたの。
柏木：わかりました。いっぱい着込んでいきます（笑）！　これからもよろしくお願いいたします。
黒柳：いつでもお電話してきてね。お嬢さんたちによろしくね。バイバイ！

2015年の年始、改装される前の「とらや」にて。

第三章

ガールズ・ドミトリー（女子寮）

こうして私たちは４人家族から３人家族になりました。事故後しばらくは不安に苛まれる日々が続きましたが、数年経つと、それなりの落ち着きが戻り、３人で生活することに少し慣れてきました。しかし、女３人に慣れてきた頃から、家の様子が変化していきました。お手伝いさんが来てくださっていて、他人の目線があったあいだはまだよかったのですが、３人だけの生活が始まると、まるで女子寮のような感じになっていったのです。

まず玄関です。

「この家には一体何人ひとがいるの？」

と聞きたくなるくらいの靴が並んでしまいました。夏はサンダルやパンプス、冬はブーツが所狭しと脱がれていて、しかも毎年増えていって、しまい切れなくなっていました。ときどき帰宅した３人のうちの誰かが見かねて、

「なにこれ？」

と言うこともあり、

「きちんと毎日片づけなければいけないわよね」

という話になるのですが、その頃は昔のようにお客様が来ることもほとんどなくな

っていました。私も仕事で外に出ていることが多かったのでついつい、

「誰に見られるわけじゃないから、ま、いいか」

ということになっていました。それこそ裸でうろうろしていても、下着一枚で歩いていても、

「どうせ見られるのは女同士だから……」

というお恥ずかしい状態でした。

遂には、リビングに鏡台を持ってきて、３人がそこで支度をする光景が当たり前になっていました。娘たちがお化粧をするようになってからは、３人で出かけるというと、ダイニングのテーブルに小さなスタンド式の鏡を３つ並べて、楽屋の大部屋みたいな状態でお化粧をしている光景が……。

主人がいるときは、仕事で疲れて帰ってくるので、「パパが過ごしやすい家」という意識がいつも働いていて、マメに整えたり掃除していました。それがついつい女同士だけの気安さが出てしまって、やっぱり男性が家にいるということは、気持ちも引き締まるということなんだな、とつくづく反省しました。

わが家は3人家族には広すぎる家でもありました。1階に3部屋、2階に4部屋、計7部屋あって、3人になってからは7部屋のうち3部屋が物置状態でした。

私は口うるさい方ではなくて、女子寮状態のときも、

「片づけなさい」

とはあまり言いませんでした。

教育という意味でも、テストでいい点を取ってほしいというよりも、自分が夢中になれる、好きなことを見つけてほしいという気持ちの方が強かったですね。思えば、母も私にそういう教育をしてくれました。だから、私も娘たちに対して、テストの点数が悪いから怒る、ということはあまりありませんでした。ことさら娘たちのために線路を敷くとか、こうなってほしいと要求するようなこともしませんでした。

長女の花子は、当時まだ子供なのに
「なぜ、ママは怒らないの？」

とよく不思議がっていたくらいです。

花子はそのころからしっかりしていて、むしろ私の方が頼っているところがありました。パパの話はあえてお互いしなかったけれど、私の仕事のこと、学校のこと、ど

んなことも娘に相談していたんです。

事故があった翌年の'86年に、私にミュージカル「シンデレラ」の出演依頼が来ました。ミュージカルはそれまで経験がなかったし、とても不安でためらいながら花子に相談しました。

「この役、どうかしら？　どう思う？」

すると、即答で、

「ママ、絶対やった方がいいよ！」

と花子がポンと背中を押してくれました。

当時、淋しくなるとお電話をさせていただいていた黒柳徹子さんに『シンデレラ』の王子の母役で出演することをお話ししたら、

「あら、だったらティアラ持っているから使って」

と言ってくださり、公演中ずっと使わせていただきました。

楽しかった子連れ公演

王子の母親役として「シンデレラ」に出演することになりましたが、子供にも人気の演目ということもあり、新宿のシアターアプルの春休み公演でした。娘たちも学校がないので毎日のように楽屋に来ては、裏で公演の様子を聴いていたり、お席がある日は熱心に見ていて、皆のセリフ、踊り等を覚えてしまい、そのうち家に帰ると私を相手に公演を再現して遊んでいました。私は本番も含めて毎日何公演もやっていたのです（笑）。

東京公演の後、夏休みの時期に全国五都市を回る地方公演が決まりました。もちろん子供達も連れて一緒に回ることにしたのです。それは思いのほか楽しい時間となりました。舞台関係者の方々も、とても親切にしてくださいました。娘たちが出演者の踊りの振り付けを覚えて舞台袖で毎日真似している姿を見ていたスタッフさんが、

「衣装を用意するから、舞踏会の場面に出てみない？」

と言ってくださったんです。王子とシンデレラの結婚式の場面で舞踏会が催される

のですが、九州での千秋楽の日に、舞踏会に出席する子供役で出演しないかと誘ってくださったのです。2人とも、もう大喜びで、

「やらせてください!」

と即答しました。それからは、短い期間ですが一生懸命練習をしました。衣装もスタッフの方が前日に近くのデパートにわざわざ探しに行ってくださって、最終公演に出演させて頂きました。娘たちのメークはわたしがやってあげて、そんなひとときも、とても楽しかったです。おかげさまでなんとか立派に務めあげ、私もほっとするとともに嬉しかったですし、娘たちは充実感のある溢れる笑顔で、本当に楽しそうでした。

もともと2人とも、小さい頃パパの楽屋に行った時に

「楽屋のにおいが好き」

と、言っていました。今思えば、あれがきっかけのひとつとなったのかもしれませんが、のちに彼女たちも芸能の道に進むことになりました。

'88年からはダイナーズクラブのテレビショッピング『世界ショッピング紀行』に定期的に出演しました。今やっている一般的なテレビショッピングとは全く異なり、商

品は海外の一流の品ばかりで、かなり豪華なものを販売する番組です。有名なブランドのピアノや陶磁器、ハンドバッグなど、私も興味があるものばかりでした。

毎回必ず海外取材があって、特にヨーロッパ方面が多く、いろいろな国を周遊しながら、番組の中で製造元やその街を紹介するのです。一回のロケは2週間と長丁場で、スタイリストは付けずに、毎回行く国によって考えて衣装のコーディネートも何組も選んだり、ヘアスタイルも衣装に合わせて考えたり、すべて自分で考えたのですが、その経験も、とっても楽しく思い出深い仕事でした。

何回目かの収録のときに、花子も一緒に出演するお話を頂きました。私は、

「じゃあ、ヘアメークさんは同行していただかなくていいので、次女の舞子も連れて行きたいです」

とわがままを許可して頂き、3人でイギリスからパリ、そしてウィーンに行くことになりました。オリエント急行に乗って旅をしながら列車の中の様子などをレポートしたり、ロンドンではショッピングを楽しんだり、最高の経験でした。

この旅はゴールデンウィークの期間だったのですが、暦の上で平日を1日だけ含んでいました。娘たちの学校の校則では、お休みする期間は毎日学校に電話を入れなく

てはいけません。うっかり電話を入れ忘れていたら、東京の姉のところに心配された先生からご連絡があったとかで、

あわててロンドンの空港から学校に電話をかけて謝ったことも、反省とともに思い出深いです。

同年には、五木ひろしさん主演『五木ひろし特別公演』の舞台出演のために1か月間大阪に滞在することもありました。長丁場の日程ですが、子供達を連れて行くことは出来なかったので、当時まだ来ていただいていたお手伝いさんと運転手さんに面倒を見て頂き、近所に住む母もときどき様子を見に来てくれていました。

この時、ホテルに帰ると毎日花子と舞子から手紙がフロントに届いていて、それを読むのが私の癒しでした。

「ちゃあちゃん（私の母のこと）と玉川髙島屋に行ったよ」

「舞子とけんかした」

など、その日の出来事を詳しく書いては、送ってくれていました。

「心配性の私が不安にならないように送ってくれているんだな」

花子のお手紙好きは、筆まめだった主人にそっくりでもありました。

娘たちの成長

「シンデレラ」の九州公演で思いがけなく舞台に出た5年ほど後、担当プロデューサーの方から、
ミュージカル『大草原の小さな家』のオーディションがあるので、娘たちに知らせたいと私の留守中に家に連絡があったのです。ところが、電話に出てくれた運転手さんが、

「まだお嬢さんたちは学生だから……」

と言って、

「断ってしまいました」

というのです。校則が厳しかったので、当然断ると思ったんですね。でも、そのいきさつを聞いた私は、

「ちょっと待ってください。本人たちはやりたいかもしれないから確認します」とすぐにプロデューサーに電話を掛け直しました。学校から帰ってきた2人に話したところ、思った通り、

「絶対に受けたい！」

と言うのでオーディションを受けさせてもらいました。当日、私は気になって仕方がなくて、会場にこっそり付いていって、外から聴いていました。結果、2人とも合格しました。もう大喜びでしたが、花子は大学生になる年で問題がなかったのですが、舞子は年齢の規則で出演はできなかったのです。それはそれは大泣きしましたね。

その直後だったと思いますが、お世話になっている方が、宝塚歌劇団の舞台を観に連れて行ってくださったことがありました。舞子はことのほか感銘を受けて、すっかりファンになってしまいました。その後たびたび宝塚歌劇を観に行き、観劇だけでは終わらずに、憧れの人が楽屋から出てくるのを待つようになりました。いわゆる「出待ち」です。なかなか帰ってこない舞子が心配な私は、車で迎えに行き、舞子はスターさんの出待ちをし、私はその舞子の出待ちをする（笑）、といった日々でした。

そしてついに、

「絶対に私は宝塚に入学したい」

と目標ができ、そこから宝塚音楽学校を目指し始めました。

初めての子離れ

一方、花子は大学入学と同時に「大草原の小さな家」に出演することになり、早速お稽古が始まりました。お父さん役は上条恒彦さん、お母さん役が前田美波里さん。花子はその長女の役でした。そんなミュージカルの大先輩たちのなかで、皆さんにご迷惑をおかけしないかしらと心配でしたが、一生懸命頑張っているようでした。そうやって自分の世界を持って、娘が生き生きと稽古に出掛けて行くたび、うれしいはずなのに反比例するかのように、寂しさを感じるようになりました。

通し稽古、そしてミュージカルの初日ももちろん劇場に観に行きました。心配でドキドキでしたが、舞台の上の花子は、のびのびと、なにより楽しそうに演じていて、心からホッとしたのを覚えています。

初日は、今思い出すと8月12日の命日でした。花子はその日、パパが履いていたブーツを履いていきました。それに、パパのキーホルダーをお守りとして持って行っていたようです。本人も相当緊張して、パパに守ってほしいという気持ちだったのでしょう。


無事に初日の幕が下りて、当然花子と一緒に帰れると思っていたら、

「ママ、出演者の方々と出掛けるから先に帰って」

と。


今でも覚えているくらいですから、私はそれがすごく寂しかったのでしょうね。ひとりで家に帰る途中、車を停めて、ぼーっとして、

「あーあ、花子、離れてきちゃったなあ」

と、ひととき感慨にふけっていたことを覚えています。


私たち3人は、パパがいなくなって以来、一緒に寝ていましたが、舞子はある日を境に、自分の部屋で寝るようになりました。2つ並べたベッドの間、花子と私の間で

寝ていたので、成長するにつれ、寝にくかったんでしょうね。一足先に、中学2年生くらいかな、いつの間にか自分の部屋に戻ったんです。それでも、そのときはまだ花子が横で寝ていてくれたからよかったんですが、夜、部屋にひとりになったときは、なんだかとっても寂しかったですね。ほんとうに当時の私は、子離れの心の準備ができていなかったのだと思います。

舞子、宝塚へ

その2年後、舞子が宝塚音楽学校に合格しました。

宝塚という大きな目標ができてからの舞子は、歌や踊りのレッスンに通い始め、ほんとうに頑張っていましたね。目指すと決めた時が中学3年生で、さすがにその翌年は準備が間に合わず、高校2年生、17歳で初めての試験を受けました。高校3年生まではチャンスがありますが、何とか1回目のチャンスで受かればと祈るような思いでした。

しかし当時は一番倍率が高い時代で、舞子が受けた年も、なんと競争率48倍。東京での一次試験を無事通過して、二次試験は兵庫県の宝塚音楽学校で行われます。私も花子も舞子の付き添いで一緒に宝塚に行きました。同じホテルに宿泊している受験生が、夜中じゅう練習している音や声が聞こえてきたりして、会場でもないのに、もう何とも言えない張りつめた雰囲気で溢れていました。

試験の翌日が合格発表です。私は怖くて見に行けなくて、先に舞子本人がひとりで出かけました。でもやはり気になって、追いかけるように花子と一緒に学校へ向かいました。音楽学校の表に張り出された合格者の名前と番号を見ようと進みましたが、あまりの人の多さになかなか近づけません。お友達のお母さんが、

「舞子ちゃん合格ですよ！」

と教えてくださったものの、実際に自分の目で見て確かめないと信じられず、ようやく舞子の名前と受験番号を見つけたときは何とも言えない喜びでした。でも当の舞子となかなか会えず、きょろきょろ探し回っていたら、取材にみえていた記者の方が、

「あそこにいらっしゃいましたよ」

と教えてくださって、ようやく会えて、あまりの嬉しさに3人で抱き合って泣いて

しまいました。

主人も実は宝塚が好きで、

「歌も踊りもすごいよー！」

とか、よく宝塚の話をしていました。きっと宝塚出身の方々とのお仕事も多かったのだと思います。まさか舞子がその宝塚にご縁ができるなんて、夫婦の間で想像もしていなかったし話もしていなかったので、主人はどんなにか喜んだことでしょう。入学式の時は、主人に見てほしかったし、居てほしかったので、恥ずかしさも忘れて一人で泣きっぱなしでした。娘たちの成長、晴れの日を見せてあげられないのが、一番悲しくなってしまう瞬間なんです。

本人の努力も相当なものでしたし、周囲の受験生の苦労も聞いていただけに、それは事故の後、私たち家族にとって初めてと言っていい大きな喜びだったことが忘れられません。

舞子はこれをきっかけに高校をやめて、一週間後には宝塚音楽学校の寮に入り、花子と2人の生活が始まりました。その頃から、少しだけ親子関係がしっくりいかなくなってきました。

子離れの出来ていない私は、寂しさのあまり、いつも花子にそばにいてほしく、また私の中では、父親がいないぶん、どこかでその役割もしなくてはいけないと思っていたところもあったのだと思います。ついつい心配で、

「今日はどこに行くの？」

「誰と？」

「何時に帰ってくるの？」

「帰りが遅いわね」

というような調子で、行動をいちいち聞いてしまいます。

今思うと、花子からすれば事故があった時、まだ11歳だったのですが、会う方、会う方から、

「ママを助けてあげてね」

「ママを守ってあげて」

「ママの力になってあげてね」

という言葉ばかりをかけられていました。花子も長女という自覚から、そのことがどんなにかプレッシャーになっていたかと思います。ずっとママを守らなきゃと一生懸命だったのだと思います。だからこそ、ずっとがまんをしてきたところもあったでしょう。

20歳にもなれば、友達とのおつき合い、自分のやりたいことも出てくるのが普通で、母親から自分ばかりに目を向けられ、何かするたびにいちいち言われていたのでは、花子からしたら、

「ママの私有物じゃない」

今の言葉で言うと、

「ウザイ」という感じだったのだと思います。事故の後、家族の結束力が生まれて、何でも相談し合っていた私たち3人の関係が少しずつ変わってきていることを感じ、正直寂しくなかったといえば嘘になります。でもそれが自立であり、自然なことなんですよね。

当時、娘たちからよく言われた言葉を思い出します。

「ママ、たくさんお友達つくったり、趣味も作ったほうがいいよ」

って。

私も少しずつそのことを自覚して、

「子離れしなければ」

と意識するようになっていきました。


その頃、3人で年に1回海外旅行に行くようになり、最初はミュージカルを観にNYに行きました。その時は、みんなの意見も一致して楽しんで帰ってきたのですが、その後、何回か旅行の相談をするうちには、花子が乗り気でない時がありました。もう自分は自分でやりたいことがあったのだと思います。その頃は舞子の舞台スケジュールに合わせるしかなかったのですが、そうしたら、

「ママは全てにおいて、自分の満足で何かをやろうとしている。でも相手はそうじゃないんだから」

と言われてしまいましたが、私は私で、

「いずれお嫁に行ってしまうんだから、その前にできれば3人で旅行に行きたいの

よ」

と私の意見を押し通し、結果的には花子が私の気持ちを汲んで、ロンドンとパリに行きました。行ったら行ったで盛り上がるのですが、2人とも友人関係もありますし、母親との行動が「かったるく」なっていたのだと思います。

その後花子は芸能事務所にも所属して、舞台「ヘアー'97」や映画「ひめゆりの塔」などにも出演しました。ある時から、

「役柄ではなく自分の言葉で表現したい」

と女優活動に区切りをつけて歌手を志し、シンガーソングライターとして活動を始め、レコーディングやライブ等をしていました。

20代の後半、花子は家を出て、ひとり暮らしをはじめました。一緒に家探しもしたし、お互い距離を取りながらも、気にかけているような関係でしたが、なるべくこちらから電話はしないようにしていました。おそらく音楽だけでは食べていけなくて、塾の講師もやっていたし、一時的にOLとしても働き、地道にやっていたようです。あえて私が援助することはなかったし、花子もそれは望んでいませんでした。もともと花子はしっかりしていて自分で決断もできるから、とにかく見守るというスタンス

で過ごしていました。それは私にとっても、子離れの「修行」の時期として必要な時間だったのかもしれません。

花子のひとり暮らしをきっかけに、私がこの家で本当にひとりになる時が来ました。52歳の時でした。

YUKIKO'S MINI ALBUM

小さな私のアルバム

懐かしい日々、娘たちと手と手を
つないでがんばった日々。
そして、私に前を向かせてくれる大切なものたち。
ちょっと我が家に立ち寄る感覚で、
ご覧いただければうれしいです。

テラコッタを敷きつめたテラスで。

幸せな2人、幸せな家族

ボクとユッコの
ダンスパーティー！

結婚します…。

二人でパーティーを開きます…。
ささやかなパーティーです…。
なにもありません。
お酒とカレーライスのパーティーです。
でも、
音楽は豊富です
楽しさも豊富です。
パートナーもご一緒に
ぜひいらしてください！

とき　12月9日
P.M.7:30〜10:00
ところ　高輪プリンスホテル
プリンスホール
ボクとユッコがカスマない程度の服装で…

様

坂本　九
柏木由紀子

上：笠間稲荷神社での挙式。左2枚：あくる12月9日の晩に高輪のプリンスホールで開かれた『ボクとユッコのダンスパーティー！』のひと幕と招待状。「ささやかなパーティです。なにもありません。お酒とカレーのパーティです」また、ドレスコードは「ボクとユッコがカスマない程度の服装で…」とある。

仕事もプライベートも夫婦一緒が多く、夫であり父、兄のような存在でもあった。

集まってワイワイやるのが大好き。
写真のおでん鍋は、お燗までできる銅製の大型のもので、今も健在。

4人から3人へ……

‘86年夏のミュージカル『シンデレラ』
九州の千秋楽には子供たちも参加！

舞子の宝塚音楽学校合格は
久々の家族の喜びごとでした。

番組で母娘３人でヨーロッパへ。
オリエント急行の前で。

私を笑顔にしてくれるもの

右２枚：愛する犬たちのなかでもとりわけ甘えん坊だったのが、トイプードルのゆうき。いつも寄り添ってくれたゆうくん、ありがとう♡
左上：お習字自習中。
左：運動はデパート巡り(笑)……だけではいけないので、できる努力を。

上：ハワイは、主人や実家の母、家族の思い出がいっぱいの場所。今もこうして娘たちと楽しめることに感謝。左：ギターの練習はコロナ禍なので最近はオンラインで。次のコンサートでご披露できればと。

バラの花が運んできてくれました

家を建て替え、バラを育て始めたら、自然に我が家はお客様が増えました。美しいアイスバーグ(上)が連れてきてくれたのでしょうか……。

上と左：犬と飼い主さんがチームで競い合うK9ゲームのチームメイトもこのとおり。

上：竹内まりやさんが我が家においで下さった時のテーブルセッティング。

ファッションはいつも
私の元気の素

パリ『プランタン』にて。
ラルフローレンが好きで、長く愛用しています。

クリスマスリースの前で。
小物のブラウンをきかせて。

乗馬っぽいスタイルがやっぱり多いですね。
エンブレム付きブレザーで。

仏の老舗「ドーメル」の紳士服地で仕立てた
シルクウールの着物。

50年前の服も現役です

新婚時代に着ていたグッチのマフラー付きのニット。そのままいけます。

母と行ったパリで購入した懐かしいスウェードのジレ。こちらもショッピングなどに今でも愛用。

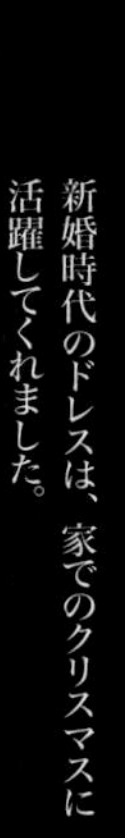

新婚時代のドレスは、家でのクリスマスに活躍してくれました。

イベントやドレスコード大好き！それは我が家のＤＮＡ

古希の時は、「YUKIKOKI」のTシャツを作ったり、紫のウィッグを被ったり、娘たちが盛り上げてくれました。

お揃いニットは私の手編み。エヘン！

2014年のクリスマス。
この年は赤がテーマ。

昨年の誕生日は黄色でした。
飾りつけも可愛いかった。

ママ エ セフィーユの クリスマスコンサートは いつも新しいことに挑戦！

2006年から３人でスタートした
ママ エ セフィーユのクリスマスコン
サートから、少しだけご紹介。
毎回、楽器やダンスなどにチャレ
ンジするのがお客様に大好評！

右から、ウェスタンのガンプレイ、アルトサックス、マジックショー。
ガンプレイとサックスを同じ時に両方ご披露したこともあったんです。

右から、和太鼓、エレピアノで「人生の扉」を弾き語り、
そしてギターの弾き語りで、私が作詞・花子が作曲した
主人の『心の瞳 』へのアンサーソング『瞳（め）をとじて』を。

坂本 九をもっと知っていただくことは私の使命

左：自宅に作った主人のコーナー。ゴールドディスクなどもここに。右：形見をジュエリーにリメイク。

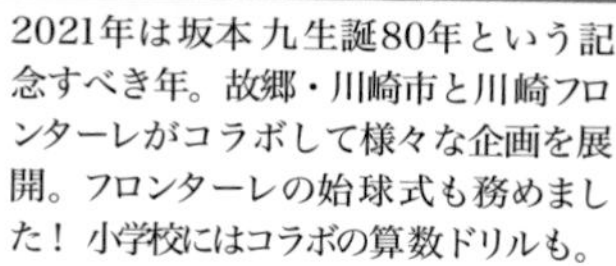

2021年は坂本 九生誕80年という記念すべき年。故郷・川崎市と川崎フロンターレがコラボして様々な企画を展開。フロンターレの始球式も務めました！ 小学校にはコラボの算数ドリルも。

写真提供：川崎フロンターレ

第四章

新しい生活

愛の結晶〜新しい家

事故から17年経った2004年、今から17年前に、自宅を建て替えました。

実はこの家は、2回の建て替えをしています。

さかのぼると結婚前、主人が一生懸命働いて貯めたお金でこの家を買ったのが23歳のとき。今から57年前のことです。それはデビューから4年後のことでした。坂本九は19歳のとき『悲しき60才』、ひきつづき『上を向いて歩こう』が大ヒットして、その年にNHK『紅白歌合戦』に初出場しました。翌年は『ゆく年くる年』の司会を務め、さらに『上を向いて歩こう』が『SUKIYAKI』と改題されて、海外で大ヒットしたその年でした。生まれてから神奈川県の川崎に長く住んでいたのですが、お母様と一緒に住むためにこの家を購入して、その年の夏に移ってきました。

その後、私と出会った頃は、義母はすでに亡くなっており、主人は付き人とお手伝いさんと一緒に住んでいました。

私たちは、結婚後はしばらく池田山のマンションで新婚生活を送っていましたが、

花子が生まれた時に、

「柿の木坂の家を建て替えて、暮らそう」

と夢を語り合い、ここに引っ越してきたのです。それが最初の建て替えでした。その後、長女花子、次女舞子も生まれて、家族が2人、3人、4人と増えていき、そのたびに家族が暮らしやすく、また楽しめるようにリフォームしながら造った、愛が詰まった家でした。庭にはブランコや滑り台もあって、理想の我が家だったのです。緑が多くて、落ち着いた環境も気に入っていました。


でも、主人が亡くなって、3人で暮らしているうちに住みにくい部分も目立ってきました。主人がいた頃は広くて快適だと思っていたリビングですが、前にも書きましたがセントラルヒーティングで、冷房も暖房も、人がいるのは1箇所なのに、家全体を空調するという効率の悪さなのでした。

特に、節約のため灯油のストーブに変えてからは、部屋が温まるのに時間がかかり、寒さがマックスでした。

「この家はなんででこんなに寒いの？」

「とにかく寒い家」

と、娘たちからも不評しきりでした。

ほかにも、

「台所が孤立していて不便」

「靴箱が小さい」

「クローゼットが小さい子供時代のままで、全然入らない」

「庭に敷き詰めた芝生が、少し油断すると雑草でボーボーに」

などなど、大なり小なり、なんとかしなければいけない部屋や場所だらけでした。

しかもオイルショック時に建てた鉄筋コンクリートの造りだったので、壊すにしても直すにしても大変な労力がかかることがわかっていました。

3人になったのだから、ここを売ってマンションに引っ越すのがいちばん簡単な方法でした。いつか娘2人もこの家を出ていくわけですから、一般的にはきっとそういう道を選択される方が多いかもしれません。それを勧められたことも何度かありました。でも私は、主人が一生懸命働いて買ったこの家だけは守りたかった。それは私の使命だと思っていました。

建て直すか、リフォームするか、まさに10年間悩みました。私の性格で、とにかく何かを変えるということが、すぐには決断できないんです。いろいろ考えれば考えるほど家のすべての場所に主人の面影が残っています。思い出が多すぎるのです。壊してしまうのは、悲しいと思ったし、とはいえ部分的なリフォームだけでは改善出来ない限界、という点もいっぱいあったんです。行きつ戻りつして、ほんとにほんとに迷いに迷いました。でもある日、

「建て替えて、さらに前を向こう」

と決意しました。

実は、その頃近くのマンションに私の高齢の母がひとりで住んでいました。私も娘たちが独立してひとりになったから、母と一緒に住みたいと思いながらも、でも元気なうちは自立して過ごしてもらうことも大切という考えもあって、同居は果たせていませんでした。それが、この建て替えを機に一緒に住もうとついに話がまとまりました。

さて、そこから建築家の方にアイデアを出して頂いたんですが、なかなかイメージ

がわかなくて、都内のそこここにあるハウスメーカーの展示場を見に行ってみました。すると一軒、玄関とリビングの間にアイアンワークを施したガラスのドアを取り付けている家があって、とてもステキだと思いました。

「絶対これを付けたい！」

と思い、そのハウスメーカーでお話を伺うと、今の土地で設計したとして取り付け可能とのことで、お願いすることにしたのです。そこから1年がかりで設計を決めていきました。

話し合いの中で、

・前の家の佇まいを極力残す
・坂本九と暮らしたイメージを残す
・外観をほぼ同じにする
・お仏壇をみんなで過ごすリビングのいつも見える所にオシャレに設置する
・坂本九のギャラリー的要素を設ける
・料理をしながら会話ができるアイランドキッチンにする

・収納を多く取り入れる
・靴箱を大きくして使いやすくする
・犬のために床をタイルにする
・庭は芝生のかわりに手入の楽なタイルを敷いて広いテラスのイメージに

など、主人と暮らした家のイメージを極力残しながら、きっと好きであろう素材を使って、外装内装は白で統一し、主人を思いながら、私主導で設計をしました。
また、家を新築したとたんに病人が出た……という話もよく聞いていたので、風水を取り入れることにしました。信頼できる風水に詳しい方のアドバイスを取り入れながら、玄関やお風呂場、トイレの位置を慎重に考え、植物の種類や植える位置を決め、私の希望をうまく取り入れてもらいました。

こうして大枠が決まって、いよいよ町内の小さな一軒家に仮住まいしました。すべてを出してみると、子供たちのものから主人のものまで、ものすごい量の荷物で、ほんとに引っ越しは大変でした。

何十年かぶりに家を離れて、一時的な仮住まいの生活が始まりましたが、これが思いのほか私にとっては新鮮でした。手狭ではありましたが、近所とはいえ環境が変わったことで全く感覚が変わり、犬の散歩ひとつにしても、新しい場所や景色に浮き浮きして、とても楽しめたんです。それまで、子離れや何かで滞りがちだった気持ちも明るくなりました。環境を変えることの大事さを、身をもって知りました。


主人や家族との思い出が詰まった家をいよいよ解体する日が来ました。その日は子供たちとビデオを持っていって、ひと部屋ひと部屋、思い出の詰まった部屋をカメラに収め、自分の部屋、リビングルームの壁にマジックで各々、

「ありがとう」

「たくさんの思い出をありがとう」

と、大きな文字で書きました。

その動画や写真は、いつでも見ることが出来るように、保存してあります。

家の建て替えは、体力・気力・お金、どれをとっても膨大なエネルギーの要ること

ばかりです。私がそれまで働いてこつこつ貯めたお金も家の建て替えに思い切って使うことにしました。本当なら女性がひとりでやる仕事ではなかったのかもしれません。でも、大変だとわかりながらそれをやってしまったのは、私自身です。

「こうと決めたら突き進む私らしい。度胸があるな」

と今でも思っています（笑）。

振り返ると1回目の建て替えの時は、設計士と主人がほぼ決めましたが、当時はオイルショックの時で、建材が高騰し、理想通りの家を建てるのは難しかったんです。仕方なく、建ててから少しずつ変えていけばよいということで進めました。とは言っても今思うと強固な造りで限られた資材にしては、当時としては斬新なデザインの建物だったと思います。

そして今回は、大変な努力とエネルギーをかけて、最初から私の理想形に近づけました。もちろん私のキャパシティの範囲内です。〝キャパシティ内の最高〟の希望が叶った家になったんです。完成したときは感無量。本当に感激しました。愛の結晶を作り上げたのです。結局、同居を始めた母は半年しか一緒に住めずにこの世を去ってしまいました。２階の一番良い場所に母のお部屋を作ったんですけれど。

家は、人を変えるものですね。私自身にも、この家の主だと言う自覚がはっきり出来て、家をとても大切にするようになりました。それまで掃除もそれほど好きじゃなかったけれど、それからはせっせと掃除するようになりました。前の家では庭を掃いたりすることなんてあまりなかったけれど、それも毎日の習慣になっています。気持ちだけでなくて行動も変わっていったんです。

以前の家は1階にあるダイニングとリビングは一緒でしたが、お台所が奥まっていて孤立感がありました。1階には和室もあったのを、全部ひとつにして、広くしました。それには、

「いろんな方にも来ていただこう」

という思いが大きかったんです。結果、その思い通りに、だんだんお客様が集まるようになって、お付き合いも増えて行き、それに伴って趣味も増えて、生活が１８０度変わりました。全く同じ土地なんですけれど。

今振り返ると、家が大きな転機になりました。それこそ細かいことで娘たちに頼っ

たこともあったけれど、この家に関してはすべて自分の意志で決断し、実行しました。気持ちの上で切り替えられたし、この大仕事ができたという自信が生まれました。

前の家に意見を言っていた娘たちには、もちろん新居の希望やアイデアを聞いたのですが
「ママの好きなようにすればいいんじゃない？」

と言うばかりで、あまり興味を示してくれませんでしたね（笑）。花子は家を出ていて、完成してから初めてこの家を見ました。舞子は完成の数年前に宝塚から戻ってきていたので、仮住まい生活も一緒だったんですが、いざ設計や工事が始まってみると、予想外に関心を示さなかったんです。2人が前の家にいっぱい意見を言っていたことで、私の建て替えへの気持ちに拍車がかかったのですが、いざ建ててみたら、娘は本心ではそこまで言ってたわけじゃなかったことがわかり、気が抜けました。私はそういう意見は受け止めてしまうほうなので。でも、この家が出来て、その後、また娘たちと楽しく集まれるようになったんです。

建て替え前は思ってみなかったのですが、この家が、多くの友人と再びつなげてくれ、そこから人間関係が広がっていったのです。

自分再発見

もともとはお客様をお呼びして家でもてなすことに、それほど積極的なほうではありませんでしたし、お付き合いも自分から進んで、というタイプではありませんでした。主人がいる時は、主人が夫でもあり、お友達でもあり、お兄さんみたいでもあり、それで満たされてしまって、

「お友達は別にいらないの」

という感じで、たまに同級生と会うことはあっても友達とお付き合いすることも少なくなっていました。家族が３人になってからは、仕事と子育てがほとんどすべてという日々が長く続き、成長した娘たちから繰り返し、

「ママ、趣味を持ったほうがいいよ」

「お友達を作ったほうがいいよ」

と言われるようになっていました。

新しい家が完成したことで、そのアドバイスを実行することになりました。きっかけになったいくつかのことをお話ししますね。

バラ・ウィーク

我が家の庭で、毎年初夏にバラを観る会をやっています。

前の家では、子供たちもまだ小さくて、走りまわれるように庭に芝生を敷いていたのですが、今回建て直す時にテラコッタのタイルを敷き、テーブルと椅子を置いてテラスの雰囲気に変えました。全部タイルにしてしまうと水はけが悪くなるとのことで、一部土を残して花壇を作ることにしました。何か花を植えようということになったときに、テラスを毎日見ているうちに、

「ここにバラが咲いていたら、キレイだろうな」

と突然思い立って、挑戦してみることにしました。実は、バラは棘があって、痛そうな感じがして、昔はあまり好きじゃなかったんですが、バラの育て方の本を何冊も

買ってきて頑張ってみようと勉強したり、近くのフラワーガーデンへ行って教えてもらったりして、アイスバーグという種類の白いバラを植えることにしたんです。日当たりがいいせいか、植えて初めての年から見事に咲いてくれて、それはそれは美しく、感激しました。

我が家はリビングルームの隣に私の寝室があって、どちらの部屋も大きな窓から庭が見えるように設計しています。だから、寝室のベッドに寝そべって庭を見ていると、本当にキレイで夢の中にいるようなんです。病気になって具合が悪くなったら、寝室からずっとバラを見ていたいと思います。しかも、白いバラだから、夜も綺麗なのです。バラでこんなに楽しめるとは思いもよりませんでした。だから、美しく保つために土をいじり、草むしりを誰にも見せられないような汚い格好で、自ら手入れをしています。それがストレス解消でもあり、体力も相当使うので、運動にもなっています。終わったら、何もなかったようにシャワーを浴びて、お化粧してちょっとだけオシャレをしてお出かけする、そんなギャップを楽しんでいます。

毎年バラが満開になる5月の1週間ほどを、勝手に「バラ・ウィーク」と呼んでいて、1日おきくらいに友人をお呼びして、スペシャルな紅茶を淹れて、その時話題のお菓子も買ってきて、小さなティーパーティーを開くのが楽しみです。学生時代からの女友達のグループ、小学校の時の同級生、犬友の皆さん、お仕事での友人、いらっしゃる皆の喜ぶ顔を想像しながら用意するのが私の喜びの時でもあります。

主人は生前、人を呼んで喜んでもらうことが大好きでした。結婚する時のことですが、披露宴をホテルでやるのではなく、1年かかっても毎週少人数でも我が家にお招きして、おもてなしをする、そんな披露宴にするのが本当は夢だったんです。私の心のどこかにそんな主人の部分を受け継いでいるのかもしれません。

子役会

ときどき私のブログやインスタグラムでもご紹介していますが、芸能界での幼馴染みの友達と、折にふれご一緒しています。

昔、ちょうどお仕事していた時期が一緒だった女優の酒井和歌子さん、十代の頃からご一緒した小川知子さん、そして知子さんが久しぶりに連れてきてくださった音無美紀子さんと、昔の雑誌『女学生の友』でご一緒した、モデルさんだった渡辺政江さん。わが家でポットラックパーティをしたり、よく集まっています。もちろん毎年バラ・ウィークにも来ていただいています。

私は小学生の時に劇団若草に在籍していて、同じ時に入団したのが酒井和歌子さんでした。その時から2人で雑誌のモデル等で一緒のお仕事が多かったから、長いお付き合いになります。彼女はとっても明るくて面白くて、一緒にいると楽しいんです。仲のいいお友達です。

そうそう、結婚して少し経った頃、カンヌ映画祭に東宝から何人か参加したことがありました。和歌子ちゃんと私もカンヌに行きました。映画祭が終わった後は東宝の一行と別行動で私はパリに行き、主人と合流して、遅めの新婚旅行という予定でした。その時、結局和歌子ちゃんもパリまで連れて行ってしまい、1日だけですが、私たちの新婚旅行に同行したんです。主人も和歌子ちゃんのファンだったので喜んでいましたが、今思い出してもクスッと笑える、ほほえましい思い出です。

音無美紀子さんは、時期は重なっていないのですが、私と同じ劇団若草のご出身で、お仕事もご一緒していました。美紀子さんはお料理がとても上手で、わが家に来ても、キッチンで手際よく作ってくれます。

小川知子さんはしばらく音信不通でしたが、私がフェイスブックをやりだしてから、突然連絡を下さり、また会うようになりました。小川さんもお料理・お菓子作りがプロ並みで、このグループのリーダー的存在。今はコロナ禍で集まれていませんが、折につけ企画を考えて下さり、その行動力は見習いたいです。

全員70代。みんな健康・美容維持に余念がなく、私はいつも情報を頂いて、なのに何もできずにおります。同世代の友人は刺激になりますね。

麻雀

意外に思われるかもしれませんが、麻雀はいろいろある趣味の中でも、とても楽しんでいます。

そう言うと、「えっ、柏木さんが？」「イメージと違う！」とよく言われます。

でも、そういえば私は子供の頃から、ダイヤモンドゲームやルードゲームを家族でやって、負けると悔しくて泣くような子供で、実はゲームとなると熱くなるし、負けず嫌いなんですよ。

最初に麻雀を覚えたのは、主人と交際している時。彼の家にお友達の俳優さんご夫妻と集まったことがありました。「メンバーが必要だから」とデートの口実みたいな感じで誘われてやったのを覚えています。そこで、手取り足取りルールを教えて頂きました。主人のお姉さんの家でも仲間に入れてもらってやりました。

「面白い！」

と思ったんですが、一回始めると時間がかかるし、仕事も遊びもやることがいっぱいある若い頃でしたから、麻雀に費やす時間がもったいなくて、どちらかといえば、ゴルフやボウリングのデートが多かったです。

私は小学校から高校まで、男女共学の玉川学園に通っていました。学生時代はほとんど男子生徒と話したこともなかったのに、なぜか大人になってからは男女含めた同級生のグループでよく集まるようになって、とても仲がいいんです。その中に麻雀の

好きな人がいて、

「みんなでやろう」

という話になりました。それから我が家で集まるようになりました。事故からちょうど15年が過ぎたときで、気持ちにもようやくゆとりが出始めた頃でした。覚えてからずいぶんブランクがあったから心配でしたが、ルールは記憶をたどりながら思い出して、点数の計算は助けてもらって、久しぶりだったにもかかわらず、本当に楽しかったんです。その頃は年に数回集まってやっていたんですが、この家を建ててから、仲間たちが喜んで来てくれるようになって、気がつけば、毎週土曜日が麻雀の日になっていました。お正月には雀卓をレンタルして4台置いて、16人でここが麻雀大会会場になります。ゴルフコンペみたいな感覚ですね。

麻雀をしているときって、すべて忘れられるし、集中できるんです。やり始めた頃は、負けたら悔しくて悔しくて仕方がなかったけれど、だんだん、負けることも勝つこともあることがわかってきました。人生の縮図みたいなことを感じます。今ではライフワークのように、ずっとつきあっていきたいものになっています。

麻雀を再開してからは、メンバー4人分のお食事をいそいそと作って用意するようになりました。お料理もそんなに得意ではないのですが、なぜかいつのまにか毎週作ることが当たり前になっていました。みんなに人気なのは「いり豆腐」。懐かしい味がするらしいです。これは祖母から伝わる、私の大好きなメニューでもあります。いり豆腐のときは、お魚とサラダを付けています。あとはグラタンとか、煮物、豚の生姜焼き、ハンバーグなど、ある程度用意をしておいて、ぱっと出せるもの中心です。だんだんレパートリーがなくなってきていますが（笑）、

「お料理が楽しみでここに来るんだ」

なんて言って、喜んで食べてくださる方もいて、嬉しくなって、

「今度は何を作ろう？」って張り切ってキッチンに立っています（笑）。

竹内まりやさん

竹内まりやさんとは不思議なご縁です。

まりやさんは子どもの頃から主人をリスペクトしてくださっていたそうで、デビューされて間もない頃、主人と共演したことを今でも鮮明に覚えてくださっているそうです。主人も、当時まだ大学生だったまりやさんのことを、

「才能あふれる素晴らしいアーティストだよ！　それに、とってもかわいいんだよ」

と、とてもほめていたことを、私もよく覚えています。

まりやさんと直接お会いしたのは、原宿の「ラルフ ローレン」のお店で偶然、でした。お買い物をしていて、お互い
「あっ」
という感じで、ご挨拶させていただきました。
その後、黒柳徹子さんの舞台を観に行ったとき、同じ日にまりやさんもいらしていて、
その時も偶然でした。
ちょうどその時、私は12月の「ママ エ セフィーユ」のコンサートで、大ファンであるまりやさんの『人生の扉』を弾き語りすることが決まり、練習の真っ最中でした。

そんなタイミングだったので、

「実は今特訓中なんです」

と、照れつつもお話ししました。

そうしたら、なんと、私たちのコンサートに来てくださったのです。ご本人のいらっしゃる前で歌うのは、それはそれは緊張しましたが、嬉しく忘れられない思い出です。

まりやさんにも、ぜひうちのバラを見ていただきたいなと思い、

「バラの季節にぜひいらしてください」

とお話ししたところ、実現することになりました。

我が家にいらしてくださることが決まってからは、なんだかそわそわ。娘たちとどうやっておもてなししようか色々考えて、まりやさんの優しい雰囲気をイメージして、ピンクをテーマにしたアフタヌーンティーに決めました。サンドイッチやミニバーガー、フルーツサンドを用意してお迎えしました。

マリアージュフレールの紅茶を楽しみながら、聡明で気さくで、そして年下なのに時にお姉さんのように！　私の背中を押してくれるような素敵な言葉をくださるまり

やさん。子育ての話、犬の話（まりやさんも犬が大好き！）、リフォームや家の話、そしてもちろん坂本九の話……。主婦で母でお仕事もされて。そんなまりやさんのお人柄にふれて、ますますファンになってしまいました。

もちろんバラを背にお写真を！　私の大切な一枚に。お部屋に飾ってあります。

ファッション

私にとってファッションは一番興味があり好きなことです。小・中・高と制服のない学校で、ずっと私服だったこともあり、学校へ行くにも、

「明日は何を着よう」

って。

毎日違うものを着るほど服があったわけではないんですが、自分なりに組み合わせを考えたりと、自分のために楽しんでいました。子供の頃から少女雑誌ではなく『装苑』というファッション誌や、海外のファッション誌を見てはお洋服やモデルさんに

もあこがれていました。

その頃は今と違って既製品の服も少なく、親戚の人に作ってもらったり、仕事をするようになってからも専門のところで雑誌を見て形を決め作っていただいていました。今でこそ女性誌はたくさんありますが、私が17歳〜18歳の頃は雑誌もまだ数少ない中で『女学生の友』にジュニアモデルとして出るようになったときは、色々な服を着ることが出来て本当に楽しかったです。

その後、主人と婚約した時の服など、事あるごとにオーダーをしていて、そのころの服は思い入れもあり、大事に取ってあるものもあります。

ブランドのショップもまだ珍しい感じでした。当時はエルメスのバッグにあこがれてあこがれて、いつか絶対に持ちたいなーと東京プリンスの地下にあった『西武PISA』のエルメスのコーナーに何度も見に行っていたことが懐かしいです。その時からずーっとバッグはエルメスが好き。好きなものには一途なんです。変わっていません。

素材で好きなのはレザー。スカートとかジャケットとか、素敵なものを見るととても欲しくなります。

コーディネートのこだわりは、シンプルに無地のものが好きですね。なるべく2色に絞って組み合わせるようにしています。

毎日の服を何を着ようかと今はあまり迷うことはないんです。それは……毎朝新聞に載っている占いで12月生まれのラッキーカラーを見るんです（笑）。もちろん、ベージュやグレーなどの微妙な中間色は占いに書かれていませんが、今日は黄色、赤、もし茶色ならベージュもいいのね、などと少し拡大解釈も交えつつ、ラッキーカラーを着ています。

お買い物は、あまり衝動買いはしない方です。何度も見に行って、よーく考えてから買います。その、何度も見に行く間が楽しいんです。

欲しいものはメモしておいて、それを実現すると、一つずつ消していったりして。これは達成感がありますよ。欲しいものがある方がお仕事も頑張れるんですよね。楽しみもあるし。

海外旅行に行った時のお買い物は、旅行とともに特に思い出が詰まったものばかりです。

だから思い切ったワードローブ整理が出来なくて、なんと50年以上前の洋服も、今も持っています。もちろん、これはもう着ないとわかっているものは、家族やお友達に着てもらったりしますが……考えようによっては、最近よく言われるようになったSDGsの精神なんです。ひとつひとつ思い入れがあるもの、すごく気に入って買ったものなので、流行に合わせてお直しをして楽しんで着ています。今年も、何年も出番のなかったジャケットの、肩幅をつめたり丈を直したりして、また新しい気分で気に入って着たりしています。40年前、50年前のドレスも、今着ても全然おかしくないものもあるんです。お洋服も喜んでくれているような気がして……。

因みに、私が披露宴で着たウェディングドレスは、花子も舞子も結婚式の時に着たんです。

ファッションが好きなことはどんな状況のときでも私を明るく元気にしてくれたし、気分を変えることが出来ました。その気持ちは60代になっても70代の今も同じで、大好きなショップやデパートに行くと、それまでちょっとくらい気持ちが沈んでいても
「あ、こんなのが流行っているんだ」

などとチェックしながら、わくわくした気持ちになり、元気になってしまいます。

イベント好きな家族の「ドレスコード」

我が家では、家族の誕生日、こどもの日、母の日、クリスマス……何か事あるごとに皆で集まって食事に行ったり、我が家でお祝いをします。そんな時、必ず「ドレスコード」を決めるんです。

たとえば、色。例えば、「テーマ」。

もし母の日であれば、「ありがとう」がテーマだったり、10月のお誕生日だったら「ロマンチックな秋」など。

そのテーマに合わせ、自分なりに考えればOKなんです。そして、何故その演出や衣装なのかを説明するのが決まり。

こんな時がありました。母の日でテーマが「ありがとう」だった時。それぞれそのテーマに合わせた感じの服だったのですが、舞子がいきなり着ていたセーターの袖を腕まくり。

「!?!?」

と思ったら、そこには10匹のアリの絵が！

アリが10匹（＝ありがとう）というオチでした（笑）。

私の古希の祝いの時は、紫色にこだわりました。還暦は赤の服といいますが、古希は紫なんですね。それで、ドレスコードは

娘たちが用意したんですが、ケーキから飾りの風船、お花、すべてが紫に！

そして、YUKIKOとKOKIを合わせた「YUKOKI」とプリントした紫色のTシャツを全員着て、最後には紫色のかつらまで用意されていて、私は紫の人となっていました。皆でワイワイとお祝いしてもらいました。主人がいたら、きっと同じようにワイワイとやっていたかもしれません。

主人はパーティをするのが大好きでした。年中親戚や友人を招いて、楽しみました。決して豪華ではないけれど、スタッフや番組関係者の方々と夏は庭で手羽先のバーベ

キューをよくやりました。バーベキューの締めに、おそうめんを出すのですが、義母がよく作っていたという、少し濃いめのお味噌汁を作って、そこにたっぷりのすりごまを入れた温かいつけだれでいただきます。私はお手伝いさんに作り方を教えてもらって、いまだにおそうめんを食べるときはそのつけだれでいただきます。冬はおでんパーティをするのですが、その頃から昔おでん屋さんで使われていたような銅でできた大きなおでん鍋に種類豊富な具材を入れて、お出しすると、みなさんとても喜んでくださいました。その50年前のおでん鍋は、今でも毎年冬になると活躍しています。最近はそんな銅製のお鍋は売っていないそうです。その後はみんなで「ジェンカ」に合わせて、フォークダンスを楽しんだんです。主人は場を盛り上げ、いつも笑いが絶えないようにする人でした。そんなところはやっぱり皆受け継いでいます。

日々の生活と美容健康

酒井和歌子さんは、週何日かはプールで泳いでいて、小川知子さんはホットヨガで汗を流し、2人ともその年齢とは思えない美しさをキープされています。

「せめてウォーキングしよう。歩かなくちゃいけない」

とこれまでも何度も思いましたが、

「いいや、歩くなら、デパートの中を歩こう」

と（笑）、ラクな方、楽しい方にいってしまいがちな私です。しかし、みんなの勧めもあって、最近一念発起して歩き始めて、1日4、5千歩歩くようになりました。

でも知子さんに
「私は毎日8千歩あるいているわよ。もうちょっとがんばって！」

とハッパをかけられています。


実は私は生活自体が完全に夜型です。寝るのは早くて夜中の2時で、3時になることもしばしば。翌朝早いお仕事のときは早く寝るようにしていますが、ふだん起きるのは9時くらいかな。

夜中、何をしているわけでもないんですけど、電話や配達などのない静かな時間は、自分ひとりで本当にゆっくり出来る大切な時間です。コロナの緊急事態宣言の時期は、もちろん困ることもありましたが、編み物をしたり、アクセサリーを手作りしたり、マスクにつけるちょっとしたチャームを作ったり、去年から始めたお習字を練習したり、最近はギターの練習もしたり。窮屈な生活ではありましたが、逆に自分に戻る充実した時間にもなりました。

起きてすぐの習慣は、手作りのスムージーを飲むこと。1人分のジューサーミキサーで、オレンジといちじく、オレンジとイチゴ、などの組み合わせが好きで、ガーっと作って、市販のオレンジジュースを混ぜています。次に豆乳を温めて、同時にコーヒーも淹れて、ソイラテにして2杯は飲みますね。

それでようやく目が覚めて、家のお掃除が始まります。

その後、バタートーストやチーズトーストなど、その日の気分で変えて、朝昼兼用ご飯を頂きます。夕飯は1人だとサラダが欠かせなくて、たっぷりのベビーリーフやケールなどの葉っぱ類に、ゴルゴンゾーラかパルミジャーノレッジャーノのチーズを混ぜて、卵、サーモン、イチゴなど、いろんな食材を載せて、オリーブオイル、塩、ホワイトバルサミコ酢をかけて頂きます。大量に肉じゃがやカレーを作ることもあるし、デパ地下にもよくお世話になっています。

美容は結構適当で、化粧水、乳液、クリームをつけるくらいですね。長年ゲランを使っていましたが、シリーズでそろえると結構なお値段になるので、最近は色々試しています。

ずいぶん前のことですが、ふと鏡を見ると、目の下が膨らんでシワになっているのを発見。

「いけない。こんなことになっちゃった」

とがっくりした時のことをよく覚えています。その頃からですね、ゲランのエステに通い始め、先日お店の方に、

「20年になります」

と言われました。1か月に1回通うのが楽しみで、ずっと同じエステティシャンの方にお願いしています。施術内容は、首、肩をほぐしていただくマッサージとたっぷり保湿ですね。

ネイルも同じサロンに20年通っています。

そういえば美容室も長いです。シャンプーは、最近は髪が抜けるのがすご気になって、お店でアドバイスをいただいたりして、フルトレールとかケラスターゼなどを、こちらもいろいろ試しているところです。

あとは、運動をしないからという言い訳で、オイルマッサージに時々行って、老廃物を流してもらっています。

あんなに苦しい出来事があったのに、病気は子宮筋腫で入院した程度で、更年期という更年期もありませんでした。やせているけど、丈夫で、健康で、その上結構力持ちです。実は力こぶもすごいんです（笑）。想像できないようなことも突然やったりします。我が家には、よく姉たち家族がにぎやかに集まるのですが、全員で腕相撲の勝ち抜き戦で競い合ったりするんです。さすがにチャンピオンにはなれませんが、けっこう上位まで行くんですよ。

ゆうくん

ちょうど事故から15年くらい経ち、マルチーズの桃吉を見送った後のことです。2002年に宝塚歌劇団を退団して東京に戻った舞子が、

「どうしても、もう一度犬を飼いたい」

と言いだしました。退団して東京に帰ったら犬を飼うと決めていたんだと思います。熱烈に飼いたいと言うので、トイプードルを飼い始めたんです。その子には我が家の苗字が「大島」なので大島紬からとって、「つむぎ」と名付けました。すると近所に住む私の母が、

「私も飼いたいわ」

と言いだしました。その頃母は70代でしたから、飼えるのか心配だったのですが、

「飼えなくなったら私が育てるわよ」と母に話し、いい子が見つかって長崎から飛行機でやってきて、みんなで羽田まで迎えに行きました。その子は男の子だったので、

「結城紬というのもあるわね。『ゆうき』はどう?」

と、つむぎつながりで『ゆうき』と名付けました。
その後、２００４年に母が亡くなり、母が飼っていたゆうきは私の子になりました
本当に犬なの？　と思うほど甘え方が人間みたいで私の胸にべたっと顔をつけての
抱っこ、家にいる時は常に私の膝か座っている後ろが定位置です。私がお風呂に入る
と、ストーカーのようにガラス越しに見ていました。
娘たちに言わせると、私がゆうきのことを呼ぶときは、
「ゆうくーん、ゆうくん」
と、ちょっと鼻にかかり甘い声らしいです。まるで恋人を呼んでるみたい、と……
ラブラブな二人!?　と言われていました。

ある時は息子のようで、ある時は恋人のような、私には欠かせない存在でした。

思い出はきりがありませんが、元気な頃、Ｋ９ゲームと言って、９匹の犬と９人の
飼い主さんが1チームとなり、しつけによいようなことをゲームで行なったり、チー
ムでダンスをしたりします。

運動会のような大会も開かれて、他のチームの方々と競ったりもします。

私もそんなチームの一員となって、一生懸命ゆうきと練習をしました。

「上を向いて歩こう」の曲に合わせて踊ることになりました。大会に出るために、チームの皆さんと夜、集まって練習をしたり、家でゆうきと私の個人練習をしたりと、本当によくがんばったな～と思います。私とゆうきの絆も、ますます深まった気がします。


走るのが大好きだったゆうくん！

甘えん坊のゆうくん！

頑張ったゆうくん！


16年間、たくさんの勇気をもらいました。助けてもらいました。支えてもらいました。寂しさを埋めてもらいました。

ゆうきは、3年前に虹の橋を渡りました。

あの温もりが恋しいです。

絆のコンサート

家を建て替える少し前でしたが、宝塚歌劇団を退団して、舞子が家に戻ってきました。音楽学校で2年、その後歌劇団員になり、17歳から25歳までを宝塚でひとり過ごしていました。入学してすぐに阪神淡路大震災があり、連絡も取れず、東京に一時避難できるまでに何日もかかり、とても心配しました。宝塚のしきたり、校則などは初めてで私も戸惑うことがありましたが、初舞台の時は、花子とともに数えきれないほど劇場に足を運びました。私に負けず劣らず母もタカラヅカが大好きだったので、舞子が出ている舞台を楽しみに劇場に行くためのお洋服を新調したりして、若返るというか、とても元気になったほどです。私も東京公演はもちろん一公演何度も観に行きましたし、兵庫県の大劇場にもたびたび足を運んで、在団中はとても楽しい時間を過ごさせてもらいました。

舞子ももちろん好きで入った道とはいえ、お稽古お稽古、公演中も終わってから新人公演のお稽古……大変だったと思います。よく頑張っていました。

舞子は私と似て、どちらかというとどんどん積極的に前に出ていくタイプではないんです。写真を撮るときも、端っこに行く方で、あの競争の激しいなかで、大変だったのではないでしょうか。でも同期は仲が良く助け合って過ごした経験は、大事な宝物になったのだと思います。随分悩んだようですが、'02年の東京公演『愛 燃える／Rose Garden』で退団しました。その後花子と3人でこれから何をしていくのかを話し合ったとき、舞子は子供の頃から動物が大好きで、

「事故の後の辛いときに、ママが飼ってくれたマルチーズにとても癒された。だから動物の仕事をしたい」

と希望し、その後ドッグセラピストの資格を取って仕事を始めました。犬のお洋服をデザインして「-chu-che（クーチェ）」というブランドを立ち上げました。今は子育て中ということがあり、できることを少しずつやっています。

その前後でしたね。主人が'63年に歌った『明日があるさ』がCMソングになって、

リバイバルヒットしたのです。その翌年には、「明日があるさ」という言葉が新語・流行語大賞のトップテンに入賞し社会現象となっていました。

それで、『明日があるさ』を歌うお話を頂いたんです。

「じゃあ、３人で歌おうか。今まで多くの方々に支えていただいた恩返しのつもりで」

と久しぶりに3人の意見が一致しました。それで、プラス坂本九の歌声も最後に入れて、ソニーレコードでレコーディングをしました。曲は同じですが、秋元康さんが詩を新たに書き起こしてくださって、ユニット名も「虹の合唱団」とつけていただき、シングルとして'01年7月４日に発売されました。

その少し前に花子が一人暮らしを初めて、何となく3人がばらばらになっているときで、私は悩む気持ちでいる時だったのですが、３人で歌ったことで、それぞれが大人になれて、気持ちがまた近づき、新たな母と娘の絆を感じました。

主人の歌といえば、不思議な偶然に何度か出会いました。

ダイナーステレビショッピングでヨーロッパロケに娘たちと行ったことは前に書き

ましたが、ウィーンの田舎でクルー全員でお昼を頂いたときのこと。レストランの庭でお食事していたら、ヴァイオリンとアコーディオンの演奏者たちがテーブルに近づき、「上を向いて歩こう」を弾き始めたのです。もちろん私たちが家族だとは知らないのに。

その後ニューヨークでイエローキャブに乗った時も、パリの「ムーランルージュ」で着席しようとした時も、「上を向いて歩こう」が流れてきて、思わず3人で顔を見合わせたことが何度もありました。日本からこんなに遠いところで聴けるなんて……私たちにとっては、どこへ行ってもパパがそばにいてくれるような嬉しさと同時に、誇りに思える出来事でした。

不思議なもので、今度はある中学校の先生と生徒さんたちからお手紙とＣＤが届きました。

「学校の合唱コンクールがあり、今、『心の瞳』をクラスの課題曲としてクラス皆で頑張っています」

と書かれていたのです。主人の遺作が、

「合唱曲として、中学生を中心に親しまれています」

ということでした。その後もあちこちの中学校の生徒さんからも次々と同じような内容のお手紙を頂き、『心の瞳』を多くの中学生が歌ってくださっていることを知ったのです。

のちに東北の中学校から、

「『心の瞳』を合唱するので聴きに来てほしい」

と呼んで頂き、これはテレビの番組で取りあげられたんですが、私の目の前で歌ってくれました。その中の1人の生徒さんが

「将来は飛行機の整備士になりたい」

とおっしゃって、心が動かされて涙が出ました。

今ではこの曲は中学校の音楽の教科書に掲載されているそうです。

実はこの曲には深い思い出があります。事故の年、『心の瞳』のレコーディングを終えて家に帰ってきた主人は、家に入るなり

「ユッコ、今度の曲、すごくいい曲だよ。僕たちのことを歌ったような曲だよ。聴い

たら、ユッコ、きっと泣いちゃうよ」

そう言って、とてもこの曲を気に入って、家族皆で聴いたことを思い出します。花子はパパが
「新曲を持って帰ってくる」

というのがその時初めての出来事で、心に残っていると後で話していました。

そして、その時花子はいつか自分がパパの歌のピアノ演奏をしたいと、ピアノ符をお願いして練習していました。

その数か月後の9月に増上寺で取り行われた主人の合同葬で、『心の瞳』を歌うテープの主人の歌声に合わせて、花子がピアノを弾くなんて誰が想像したことでしょう。

そんな私たちにとって、特別な意味の持つ歌が中学生の間で親しまれていることを知って、私は何かできないかと思いました。

長い間、主人の曲は家族の中で封印していました。でもいつも心の中に「パパの歌」があったのです。それぞれが1人で歌っていたこともあったでしょう。本当は3人とも音楽が大好きで、『明日があるさ』を歌ったことで、同時に心が動き始めてい

たんです。

「パパの歌を継承していこう」

「もっともっと多くの人に聞いてもらいたい」

と気持ちが一致した瞬間でした。

家を建て替えた同時期に、3人で「maman et ses filles」（ママ・エ・セフィーユ＝フランス語でママと娘たち）を結成し、ミニアルバム『心の瞳』をリリースしました。これが話題になって、歌番組にもたびたび出演し、2年後の'06年から、自分たち家族も主人の歌を歌い継ごうと毎年クリスマスに「Christmas Concert」を開催するようになりました。それが、こんなに長く続くとは、まったく思っていなかったです。

この14年の間には、それぞれの考えがあって、2時間のコンサートを作り上げるには、それぞれが「良いコンサートに」という思いが強く、ぶつかりあうこともありました。

白熱しすぎて、誰かが
「やめよう！」

と言い出したり。でも、回を重ねるごとに絆も深まっていきました。

何年目かのとき、

「歌以外に何かご披露しよう」

と話し合って、タップダンスをやってみたら、その反響がすごく大きくて、以来毎年意外性のあるものに挑戦して、披露するようになりました。数年前は和太鼓、サックスやエレキギター、西部劇風のガンプレイやマジックもやりました。コンサートに来てくださっている方は、同年代の方が多くて、そんな私を見て、

「私もサックスをはじめました」

「勇気をもらった」

とお手紙を頂いたり、アンケートに書いてくださったりして、私が誰かの刺激になっていたりパワーを与えていることが嬉しくて。そうなると頑張っちゃうし、それが私の元気のもとにもなっているんです。

生きているときによく主人が、

「ユッコは、家ではひょうきんで面白いんだから、外でももっとそこを出したら？」

と言っていたんです。私1人のステージだったらできなかったかもしれないけど、娘たちが一緒だったので家にいるような感覚で、そういう自分の部分を出すことができたんですね。それが私の自信にもなりました。娘たちに見守られて挑戦することが

できました。

主人はエンターテナーとして常にチャレンジをし、人を楽しませていたのですが、振り返ってみると、私たち3人もそれを引き継いで、挑戦し続けてきたなと思います。

観客の方は、毎年リピートしてくださる方も多く、そこから広がっても行きました。

２０１８年は、私たちの大切な曲「心の瞳」のアンサーソングとして私が書いた思いに、花子が曲をつくった「瞳をとじて」を、ギター演奏挑戦とともに歌わせていただきました。最初は私と同年代の方が主流でしたが、ここ数年は20代など若い方も増えてきて、

「坂本九さんのファンです」

と言って下さり、こちらが驚かされます。そんなことで実はチケットも有難いことにすぐに売り切れてしまうんです。

２０２０年末は、本当なら15回目を迎える予定でしたが、残念ながらコロナの影響で開催ができませんでしたが、再開に向けてアイデアを練っています！

娘たちがいる幸せ

その後、'06年に花子が結婚、'13年に舞子が結婚しました。花子は結婚式は家族と親せきだけでハワイで挙げたのですが、披露宴は建て替えたこの家でやりました。私が結婚式で着たウエディングドレスを着て、二階から2人で階段を降りてきたんですよ。

現在、長女花子には12歳、中学1年生になる息子がいます。

そして次女舞子には5歳になる息子が。

私自身は三姉妹の末っ子、そしてその三姉妹の子どもたち三人とも全員女の子でした。見渡す限り女ばかりだったのです。

うちの二人の娘たちは男の子の母になり、その息子同士が仲が良く、まるで兄弟のよう。孫たちを見ていると、娘たちが小さかった時のことを思い出します。男の子を育てたことのない私は、着るものも遊び方もおもちゃも違うことになんだかとまどってしまいますが、世の皆さまと同様、本当に孫って可愛いですね。孫からたくさんの元気をもらっています。

最近では、娘たちも母親らしくなり、私とどちらが母親かしらと思うようなことがよくあります。洋服の最近の着こなし、化粧品の情報、スマホの使い方や新しいお店を教えてもらったり。私の好みもよく知っているので、私が喜びそうなところを探しては連れて行ってくれます。時間があると「どうしてる?」「どこか行く?」とLINEをしあい、お茶をしたり近況報告をしあったり。ときには相談したり、本当に親子でありながら友達のよう。近くに住む舞子は、お料理を作ると「○○作ったから食べる?」と届けてくれたり、二人の娘がいて本当に良かったと思います。

娘達と一緒にいる時がいちばんの幸せを感じます。

よく、みなさんから

「いつ立ち直ったのですか?」

と聞かれます。明快には答えられないけど、本当にそう思えたのは、娘たちが2人とも結婚したとき。

「あーよかった。ほっとした」

「私もこれから楽しもう」

と心から思えたのを思い出せます。どん底も経験して悲しいこともいっぱいあったけれど、振り返ってみると楽しいこと、嬉しいこともたくさんありました。

主人と結婚した時からのアルバムを年代順にすべて並べて残しているのですが、先日ふと見ていると、

「あ、ここから主人はいないんだ。3人になってからの方が全然長いんだな」

って気づきました。結婚生活は14年、亡くなってからは35年。長い長い時間が経っていました。

生きていたら、今年（2021年）12月に80歳になるんです。写真を見ていると、私だけが年を取って、主人はいつもいつも若いんですよね。花子が主人の年齢を越しましたから、息子のようになってしまいました（笑）。時々、どんなお爺さんになっていたか想像したりしています。

あとがきにかえて

私の使命

２０２０年の8月12日もあの日のように暑い夏でした。

いつもと同じように家族で西麻布にあるお墓にお参りして、側に主人はいないけれど、

「ずっと守ってくれてありがとう。これからも守ってね」

と手を合わせました。それから主人の写真を持って、家族でお食事に行きました。

36年経った今は、その日はしんみりするのではなく
「1日を笑って楽しく過ごしましょう」

と、娘たちと孫も一緒に賑やかに過ごしました。

でもできることなら、この1日だけ、ぽん、となくなってほしいと毎年思います。

そして、ときどきあの感情も蘇ります。

「落ちていく飛行機の中で、どんなに怖かったか。どんなに寂しかったか」

胸が張り裂けそうになって、可哀そうな思いが涙になってこみ上げてきます。きっと、その思いは、私が生きている間ずっと、忘れられない感情なんだと思います。

無我夢中で走り続けました。将来こうしたい、ああしたいとは、考えたことはありません。というよりも、未来を考えると怖いし、考えられなかったんです。ただただ目の前にあることを一生懸命やってきました。

「まさか私が司会？」

「まさか私が講演？」

そのときも全力を尽くして乗り越えたことで自信がつきました。

日航との補償のときも、こちらが誠心誠意思いを伝え続けました。

成長していく娘たちとそりが合わない時期も、私がどうするのが娘たちにとって最善なのか、もどかしかったけれど、我慢をして静かに見守りました。

理想の家をひとりで作り上げることができました。私の集大成だったと思います……。

いろんな出来事があったけれど、今こうやって笑顔になるのは、投げ出さず、投げやりにならず、ひとつひとつやってきた結果だと思います。

生前、主人は毎晩ベッドに入ると、子守唄代わりにペリー・コモのテープを静かに聞いていました。

「僕も子守歌のように心地よく聞ける歌を歌っていきたい」

まだまだやりたいことがたくさんあったんですよね。

それに「結婚してよかったネ」という言葉をずっとずっと取っておこうと、二人の娘が結婚して式が終わり、2人で家に帰って来たその時に言おうととっておいた言葉も、とうとう言えずじまいになってしまいました。

何気なく音楽番組を見ていると、

「今歌っていたら、活躍されているあの方とご一緒できたのにな」

「主人と一緒に番組に出ていらしたたあの歌手の方は一目置かれる存在なんだな」

としみじみしたり、ミュージカルを観に行っても

「主人もミュージカルが好きだったからこんな役やっていたかなー」

と、主人へのあふれる思いが浮かんできて、すごく悔しくなってくるんです。そんなことが何度も何度もありました。今もあります。だからある日、

「私があの人のことを伝えていくしかない」

と心に決めました。これまで取材をされることも多かったし、TVに出ることもよくあって、講演会もやってきましたが、これからは、少しだけ自発的に、いろいろなところで、主人について伝えさせて頂こうと思っています。

今思うと、事故の頃はまだ若かったし、いい人を見つけて再婚する道もありました。実際、勧められたこともありましたが、それが普通なのか、良い道なのかもわからないけれど、再婚したら、きっと主人のことを伝えられなくなる。そのことがわかっていたから、再婚の道よりも、私は坂本九という大きな星と生きていく道を選びました。

それは、私の使命でもあると感じています。

それこそが、辛くて苦しくて悲しい思いを軽くしてくれたのかな、と感じています
し、これからも私と家族の魂を助けてくれるのだと信じています。
エンターテイメント界のスターであった主人・坂本九は、星となって、夜空から私
たち家族皆のことを見守ってくれています。

柏木由紀子

柏木由紀子（女優）
1947年、東京生まれ。小学生の時に劇団若草に入団。雑誌『女学生の友』などのモデルをつとめる。1964年映画デビュー。『細うで繁盛記』『これが青春だ』『華麗なる一族』ほか数々のドラマで人気に。1971年に坂本 九と結婚。1985年の日航機事故で亡くなった夫との思い出、家族愛と絆をつづった本『上を向いて歩こう』(扶桑社) は20万部を越えるベストセラーに。また、家族愛をテーマに全国で講演を行う。2004年には二人の娘たちとのユニット「ママエセフィーユ」を結成。クリスマスコンサートは毎回、チケットが即完売するほどの人気。CD『心の瞳』や、3人揃ってコーラスで参加した坂本九の名曲「心の瞳」のリマスター盤をリリース。2019 年には坂本 九の「心の瞳」へのアンサーソング「瞳をとじて〜坂本九に捧ぐ」をリリース。オフィシャルブログは女優部門ではつねに上位にランクイン。2021年は、坂本九の出身地である川崎市と川崎フロンターレが、坂本九生誕80周年記念事業を展開、さまざまな企画が予定されている。

https://www.kyusakamoto-music.com
https://ameblo.jp/yukikokashiwagi/
Imnstagram　@yukiko_kashiwagi

撮影：奥村康人(NEWS) 資人導（Vale.）
ヘア&メーク：正木万美子
ブックデザイン：鈴木マサユキ (エス・デザイン)
ブックディレクション：安田真里
編集：加藤ゆかり
写真協力：坂本 九音楽事務所　美ST

星を見上げて歩き続けて（ほしをみあげてあるきつづけて）

2021年5月30日　初版第1刷発行

著者　柏木由紀子（かしわぎゆきこ）

発行者　田邉浩司
発行所　株式会社　光文社
〒112-8011　東京都文京区音羽1-16-6
電話　編集部 03-5395-8172
書籍販売部 03-5395-8116
業務部 03-5395-8125
メール　non@kobunsha.com

落丁本・乱丁本は業務部へご連絡くだされば、お取り替えいたします。

組版　新藤慶昌堂
印刷所　新藤慶昌堂
製本所　ナショナル製本

ISBN978-4-334-95246-4